A CRIANÇA
À LUZ DO ESPIRITISMO

WALDEHIR BEZERRA DE ALMEIDA

A CRIANÇA
À LUZ DO ESPIRITISMO

Copyright © 2021 by
FEDERAÇÃO ESPÍRITA BRASILEIRA – FEB

1ª edição – 3ª impressão – 1 mil exemplares – 6/2023

ISBN 978-65-5570-418-1

Todos os direitos reservados. Nenhuma parte desta publicação pode ser reproduzida, armazenada ou transmitida, total ou parcialmente, por quaisquer métodos ou processos, sem autorização do detentor do *copyright*.

FEDERAÇÃO ESPÍRITA BRASILEIRA – FEB
SGAN 603 – Conjunto F – Avenida L2 Norte
70830-106 – Brasília (DF) – Brasil
www.febeditora.com.br
editorial@febnet.org.br
+55 61 2101 6161

Pedidos de livros à FEB
Comercial
Tel.: (61) 2101 6161 – comercial@febnet.org.br

Todo o papel empregado nesta obra possui certificação FSC® sob responsabilidade do fabricante obtido através de fontes responsáveis.
* marca registrada de Forest Stewardship Council

Dados Internacionais de Catalogação na Publicação (CIP)
(Federação Espírita Brasileira – Biblioteca de Obras Raras)

A447c   Almeida, Waldehir Bezerra de, 1937–

         A criança à luz do espiritismo / Waldehir Bezerra de Almeida – 1. ed. – 3. imp. – Brasília: FEB, 2023.

         192 p.; 23 cm

         Inclui referências e índice geral

         ISBN 978-65-5570-418-1

         1. Espiritismo. I. Federação Espírita Brasileira. II. Título.

CDD 133.9
CDU 133.7
CDE 10.00.00

As crianças são seres que Deus envia a novas existências e, para que não lhe possam imputar excessiva severidade, dá-lhes todas as aparências da inocência. [...] (LE, q. 385.)

SUMÁRIO

PALAVRAS INICIAIS.............. 11
AGRADECIMENTOS.............. 15
ESCLARECIMENTO.............. 17
INTRODUÇÃO.............. 19
a) Um passeio melancólico pela História.
b) A lenda da criança.

CAPÍTULO 1
A CRIANÇA, QUEM ELA É?.............. 33

CAPÍTULO 2
A INFÂNCIA.............. 37
2.1 Inocência. 2.2 Pureza.

CAPÍTULO 3
DE ONDE VÊM AS ALMAS DAS CRIANÇAS?.............. 45

CAPÍTULO 4
A QUEM PUXOU ESSA CRIANÇA?.............. 51

CAPÍTULO 5
O INSTINTO À LUZ DE FREUD E DO ESPIRITISMO.............. 55

CAPÍTULO 6
ATENÇÃO! TENDÊNCIA NÃO É INSTINTO.............. 63

CAPÍTULO 7
CRIANÇA PRECOCE.............. 69

CAPÍTULO 8
MEDIUNIDADE EM CRIANÇA.............. 73

CAPÍTULO 9
SEXUALIDADE INFANTIL.............. 79

9.1 O sexo da sua criança. 9.2 A sede real do sexo. 9.3 Erotismo infantil. 9.4 Possíveis conflitos sexuais.

CAPÍTULO 10
RELAÇÕES AFETIVAS ENTRE PAIS E FILHOS.............. 89

10.1 O amor materno. 10.2 O amor filial. 10.3 O desamor dos filhos.

CAPÍTULO 11
OBSESSÃO 101

11.1 Influência, uma lei natural. 11.2 Influência espiritual. 11.3 Conceito de obsessão.

CAPÍTULO 12
OBSESSÃO EM CRIANÇA.............. 109

12.1 Agressividade infantojuvenil e obsessão. 12.2 O anjo da guarda da criança e a obsessão. 12.3 Consequências da obsessão: a) De natureza psíquica. b) De natureza física. c) De natureza social. 12.4 Tratamento da obsessão.

CAPÍTULO 13
OBSESSÃO E EPILEPSIA.............. 125

CAPÍTULO 14
OBSESSÃO E PARALISIA.............. 133

CAPÍTULO 15
FILHO ESPECIAL, PAIS ESPECIAIS.............. 139

CAPÍTULO 16
FILHO DO CORAÇÃO 147

CAPÍTULO 17
PARA ONDE VÃO AS ALMAS DAS CRIANÇAS? 153

17.1 Como entender a morte. 17.2 Mortalidade infantil. 17.3 A criança no Mundo Espiritual.

PALAVRAS FINAIS 163

A D E N D O 167

Crianças. Perante a criança. Criança e futuro. Anjo protetor. Os filhos. Credores no lar.

REFERÊNCIAS 175

ÍNDICE GERAL 181

PALAVRAS INICIAIS

Prezado(a) leitor(a), o conceito pleno de criança, à luz do Espiritismo, você não alcançará, provavelmente, somente com a leitura desta singela obra. As revelações feitas pelos Espíritos Superiores, das quais nos aproveitamos, ainda não foram satisfatoriamente assimiladas por nós para o entendimento profundo da verdade, mesmo que relativa. Debatemo-nos, por enquanto, nas dificuldades conceituais oriundas das diferenças de evolução moral e intelectual entre os Mundos Visível e Invisível. No entanto, esperamos que o nosso esforço seja conjugado ao seu e assim alcançarmos os melhores resultados possíveis.

Carl Gustav Jung (1875-1961), o criador da psicologia analítica, disse que não somos formadores de nossas ideias, mas apenas porta-vozes de outras inteligências. Como espírita, acredito nisso, porque quando nos colocamos à disposição do Alto para realizarmos algo no campo do conhecimento que gera paz e felicidade, os mensageiros de Jesus nos inspiram, fazendo com que tudo saia melhor do que se o fizéssemos sozinhos. Prova disso é que se for suprimido tudo o que escrevi sob a inspiração dos Espíritos, com os quais aprendi, pouco ou nada restaria que pudesse ser considerado de minha lavra. Talvez me caiba somente o mérito de condensar e divulgar os ensinamentos que não são meus, afirmamos, na esperança que sejam de grande valia para os que tenham a paciência ou curiosidade de os lerem.

Os motivos que nos impulsionaram a escrever este livro foram de ordem íntima, que aqui não convém revelar, somado ao fato de presenciar jovens pais — frequentadores e trabalhadores da casa espírita onde colaboro há muitos anos —, educando seus filhos como se fossem almas recém-criadas por Deus, sem compreender racionalmente as condições passageiras de inocência e pureza para *reeducar* os Espíritos que davam vida àqueles frágeis corpinhos. Observamos pais inexperientes não distinguindo os *instintos* naturais dos seus filhos das *tendências* que foram alimentadas em existências passadas e que ficaram gravadas em seus perispíritos, manifestando os possíveis desvios de caráter, muitas vezes já nos primeiros anos de vida, no estágio natural de infância.

Magnetizados pela inocência e pureza aparente daquele ser em nova experiência, os pais têm dificuldades naturais em admitir que seus filhos possuam alguma impureza moral, acreditando que suas manifestações sejam apenas infantilidade, traquinices e birras próprias de uma criança. Atribuímos esse procedimento à permanência atávica em nossa cultura do *criacionismo*, doutrina religiosa que defende a criação imediata de uma alma humana para cada criatura que nasce. Fundamentado no Criacionismo, Jean-Jacques Rousseau (Suíça, 1712-França, 1778), afirmava que *a criança nasce pura e se corrompe com a sociedade*, devendo, por isso, dela se defender; que seria necessário educá-la de acordo com a Natureza, desenvolvendo progressivamente seus sentidos e a razão com vistas à liberdade e à capacidade de julgar. Podemos admitir, sim, que o meio exerce forte influência naquele Espírito que renasce para ser reeducado pelos seus pais e pela sociedade, mas essa condição não é determinante na formação de seu caráter nem de sua personalidade, pois a História oferece exemplos de crianças que nasceram em um meio miserável, foram filhos de pais displicentes, e se tornaram homens de bem.

Atentemos para a resposta dos Espíritos dada ao Codificador sobre as ideias inatas, deixando claro que o *criacionismo* não é compatível com a Justiça Divina:

> *Qual a origem das ideias inatas, das disposições precoces, das aptidões instintivas para uma arte ou ciência, abstração feita de toda instrução?*
> As ideias inatas não podem ter senão duas fontes: a criação de almas mais perfeitas umas que as outras, no caso de serem

criadas ao mesmo tempo que o corpo, ou um progresso anterior, realizado por elas antes da encarnação. Sendo a primeira hipótese incompatível com a Justiça de Deus, só resta a segunda. As ideias inatas são o resultado dos conhecimentos adquiridos nas existências anteriores e que se conservaram no estado de intuição, para servirem de base à aquisição de novas ideias. (QE, cap. 3, n. 118.)

Outro fato que nos comoveu foi presenciar jovens cheios de sonhos, casarem-se, planejando uma família composta de crianças lindas, fisicamente perfeitas e inteligentes, e se frustrarem com a chegada do primeiro filho portador de alguma necessidade especial. Mesmo tendo conhecimento doutrinário, não entendiam muito claramente aquela situação: as informações a respeito do fato que lhes interessava naquele momento crucial encontravam-se esparsas, dificultando-lhes o conhecimento, o esclarecimento e a consolação de que necessitavam. Decidimos, então, colher alguns ensinamentos e informações em diversas obras e juntá-los para facilitar o estudo e a compreensão do que se passava com eles.

Depositamos nesta obra a esperança de que os jovens pais, e mesmo aqueles já experientes, encontrem algumas pepitas espirituais valiosas na garimpagem literária que fizemos, e com elas procurem enriquecer o seu entendimento sobre a dinâmica da vida. Que o acervo de informações que lhes oferecemos possa enriquecer-lhes a mente e fortalecer-lhes o Espírito na renúncia, na resignação, na paciência e no exercício de outras virtudes necessárias à nobilitante tarefa de reeducar as almas que Deus lhes enviou, estando elas em quaisquer condições espirituais e físicas.

Que o nosso esforço resulte em apoio aos evangelizadores, aos alunos do Estudo Sistematizado da Doutrina Espírita (Esde), aos palestrantes, aos trabalhadores da área de Atendimento Fraterno e aos que se dedicam ao acolhimento das gestantes nas casas espíritas.

Uma visão à luz do Espiritismo do que é verdadeiramente uma criança favorece a que se contribua, positivamente, para a formação de um homem de bem.

AGRADECIMENTOS

A Deus, pela *vida*.

A Jesus, *caminho* apontado.

A Kardec, pela verdade do Espiritismo por ele codificado.

À minha mãe, pelo amor, sacrifício e exemplo de luta e proteção.

A Lucinda, extremada esposa e mãe, que sempre renunciou aos seus interesses para que eu possa cooperar com o Movimento Espírita.

A Noêmia Cerveira Rosmaninho – já no Plano Espiritual – que me estendeu a mão e me ensinou o amor fraterno.

Aos filhos Lúcio, Luciene, Lucile e Luciano, que sempre nos felicitaram com suas atitudes perante a vida.

A todos os companheiros de jornada, que sempre me encorajaram a continuarmos juntos, em nome do Movimento Espírita.

ESCLARECIMENTO

Quando citamos textos das obras de Allan Kardec, todas editadas pela FEB, colocamos as iniciais das fontes entre parênteses, em virtude de a elas recorrermos muitas vezes.

LE — *O livro dos espíritos*
LM — *O livro dos médiuns*
EE — *O evangelho segundo o espiritismo*
CI — *O céu e o inferno*
GE — *A gênese*
AP — *A prece*
QE — *O que é o espiritismo*
RE — *Revista espírita*
OP — *Obras póstumas*

INTRODUÇÃO

A) UM PASSEIO MELANCÓLICO PELA HISTÓRIA

Limitando esse passeio pelo mundo ocidental, podemos afirmar que não encontramos, ao longo do tempo e do espaço, a concepção do que é uma criança tal como a temos atualmente, graças às revelações dos Espíritos Superiores feitas a Allan Kardec, no século XIX, na França, sendo elas continuadas pelos Espíritos que o seguem com fidelidade.

As pesquisas na direção de saber como a família e a sociedade consideravam a criança, desde o seu nascimento até o final da infância, nos levaram a revelações assustadoras e à conclusão de que o recém-reencarnado nem sempre mereceu os cuidados, a compreensão e o amor que hoje recebe da grande maioria dos adultos, embora constatado que ainda lhe damos pouco.

O entendimento do significado espiritual da criança na sua fase de infância variou muito no tempo e no espaço e esteve sempre atrelado aos sistemas filosóficos, religiosos e econômicos vigentes. A concepção de que a criança é um fator de reforma moral e espiritual da Humanidade somente se plenifica quando o adulto sabe de onde ela veio, qual a razão de ter vindo ao mundo, qual a sua função entre nós e para onde vai, após abandonar o seu invólucro físico. Os pensadores vêm oferecendo, ao longo da História, elementos reflexivos para o alcance dessas verdades, porém, nesse particular, nenhuma outra doutrina filosófica ou religiosa superou a informação que é dada pelo Espiritismo, revelando a razão do seu nascimento e para que serve a infância:

> As crianças são seres que Deus envia a novas existências e, para que não lhe possam imputar excessiva severidade, dá-lhes todas as aparências da inocência. [...]
> Os Espíritos só entram na vida corpórea para se aperfeiçoarem, para se melhorarem. A fragilidade dos primeiros anos os torna brandos, acessíveis aos conselhos da experiência e dos que devam fazê-los progredir. É quando se pode reformar o seu caráter e reprimir seus maus pendores. [...] (LE, q. 385.)

Essa afirmativa traz na sua singeleza os elementos essenciais para a verdadeira compreensão do que é uma criança e do que ela espera dos pais e de todos aqueles responsáveis pela sua educação e reeducação. Se elas chegam até nós enviadas por Deus têm a sua chancela, como tudo na Natureza, e merecem um fausto acolhimento. Uma vez que os *Espíritos voltaram para uma nova existência,* é motivo para interrogarmos o porquê e para quê. É razão suficiente para buscarmos entender o sentido de suas virtudes aparentes, tais como a inocência e a pureza, e o porquê das condições favoráveis ou desfavoráveis em que nascem...

A coleção *História da vida privada*, em cinco volumes, organizada por Philippe Ariès e Georges Duby, nos dá tristes informações de como eram tratadas as crianças no Império Romano do Ocidente, na Idade Média, na Renascença e na Idade Moderna. Daqui para a frente, quando usarmos fragmentos da referida obra citaremos, entre parênteses, apenas o volume da obra e a página.

No Império Romano o enjeitamento de criança era uma prática usual entre os pobres e ricos. "[...] os mercadores de escravos iam recolher os enjeitados nos santuários ou nos monturos públicos" (v. 1, p. 55). Casos são narrados em que os traficantes de crianças compravam os recém-nascidos, mal saídos do ventre da mãe, para criá-los e transformá-los em escravos. A miséria, a ganância comercial, o desamor pela criança e o desconhecimento de sua razão entre nós, levavam as criaturas a essas práticas. As mães pobres se submetiam àquele comércio hediondo pela necessidade de sobreviver; as mães ricas, porque abominavam a tarefa sublime de cuidar de criança, e os traficantes insensíveis e gananciosos não ofereciam outro futuro aos infantes comprados senão a escravidão.

Com boa vontade, encontramos aqui e ali provas de apego às crianças. Informa-nos os referidos textos que Gregório de Tours, pai adotivo de muitos filhos, "[...] confessava ter sofrido muito com a morte de pequenos órfãos que havia recolhido e alimentado a colheradas" (v. 1, p. 450). Os monásticos deram exemplo de amor e compreensão às crianças. "Em lugar de criar os meninos para a agressividade e as meninas para a submissão, os pedagogos monásticos recusavam a palmatória e procuravam *conservar as virtudes da infância vistas como fraquezas por seus contemporâneos*" (v. 1, p. 451). (Grifo nosso.)

Infelizmente esse sentimento e respeito não eram comuns entre a maioria. Quando havia um saque de guerra, por exemplo, os vencedores "[...] levavam consigo, como escravas, todas as mulheres e as crianças de peito e, em especial, os meninos com menos de três anos, pois os mais velhos eram mortos" (v. 1, p. 450).

No século XVI, na Europa, enquanto se dava a Reforma protestante, liderada por Martinho Lutero, os reformadores não se alinhavam com o pensamento dos monásticos que, embora colocando a educação da criança como primordial, as consideravam imperfeitas por natureza. O pastor Veit Dietrich, teólogo e reformador alemão, destacado luterano, tinha a criança como uma criatura má por natureza. Admitia que "[...] a criança, como toda criatura, é má e tudo a leva ao mal. Só a graça pode salvá-la; porém uma pedagogia severa pelo menos pode preparar o terreno e provisoriamente refrear seus maus instintos, sua ameaçadora espontaneidade" (v. 3, p. 178).

Por muito tempo a criança foi considerada um adulto incompleto. Logo cedo era levada a se misturar aos mais velhos e a partilhar de seus trabalhos e jogos para *aprender a viver*. A promiscuidade era intensa em todos os sentidos. O médico do jovem Luís XIII fica confuso "[...] diante de tanta liberdade com que se tratavam as crianças, da grosseria das brincadeiras e da indecência dos gestos cuja publicidade não chocava ninguém e que, ao contrário, pareciam perfeitamente naturais".[1] É nítida a total ausência do sentimento moderno de infância nos últimos anos do século XVI e início do XVII.

As escolas eram poucas e para poucos, sendo a condição de adulto alcançada pela convivência com os mais velhos, sem se levar em conta se era inconveniente ou não para a criança. A criança adquiria a aprendizagem das artes e dos ofícios ajudando os profissionais.

A criança somente recebia carinho, agrado, enquanto fosse uma *coisa engraçadinha*, nos primeiros anos de vida. Crescendo, *perdia a graça* e se tornava um incômodo pelo seu comportamento infantil junto aos adultos, que a tratavam com indiferença e aspereza.

Quando morria uma criança, em geral, não havia muitas lamentações: para uns era uma boca a menos para alimentar; para outros não faria diferença, pois seria substituída imediatamente: os índices de mortalidade quase se equiparavam ao de natalidade. Quando o infante conseguia superar os primeiros perigos e sobreviver ao tempo do *paparico*, era comum que passasse a viver em outra casa que não a da sua família.

Ariès, ao fazer vasta e profunda pesquisa da história social da criança, encontrou evidências de que foi necessário um longo tempo para que realmente se arraigasse entre os pais e educadores o *sentimento da infância* — termo por ele criado, significando o entendimento que o adulto passou a ter em relação à criança. Ao contrário do que hoje pensamos e sentimos, a ideia da *infância* como um período peculiar, importante e tão necessário em nossas vidas, não foi sempre um sentimento natural ou inerente à condição humana, afirma ele, assegurando que a *descoberta da infância começou no Ocidente, no século XII*, e sua evolução pode ser acompanhada na história social, artística e icnográfica dos séculos XV e XVI.

Mas antes, a história da Antiguidade nos revela que os filhos não eram esperados como fruto do amor de um casal nem como bênção divina. Na Grécia e Roma antigas, a criança do sexo masculi-

---

[1] ARIÈS, Philippe. *História social da criança e da família*. Pt. 1, cap. 5, p. 75.

no era ansiosamente esperada pelo casal porque ele — o menino — era necessário para continuar o culto dos deuses e dos antepassados, substituindo o pai, responsável efetivo pela liturgia da religião.

> A criança [quando do sexo masculino] era apresentada aos deuses domésticos: uma mulher carregava-a nos braços e, correndo, dava com ele várias voltas ao redor do fogo sagrado. Essa cerimônia tinha duplo objetivo: primeiro, purificar a criança, isto é, tirar-lhe a impureza que os antigos supunham havia contraído pelo único fato da gestação; e depois iniciá-lo no culto sagrado doméstico [...].[2]

O nascimento de uma menina não satisfazia social nem liturgicamente o objetivo do casamento e nada de especial acontecia com a sua chegada ao mundo, o que comprova a ausência de entendimento do significado de uma criança para a vida de todos nós, independente do sexo. Não se tinha noção de que ela era *um recado de esperança de Deus aos homens*.

Para os adultos da Antiguidade, a infância era uma fase sem importância, chegando mesmo a ser tida como desagradável e incômoda. Por isso, não havia sentido fixar a criança na lembrança da família, na pintura ou na escultura. Não se sabe o porquê, mas, durante a Idade Média, a partir dos meados do século V, a criança desapareceu das representações e das inscrições funerárias. A arte medieval desconhecia a infância e não a representava. Não havia lugar para ela no mundo dos adultos, que se esqueciam de que foram crianças também. Contudo, no século XVI, o surgimento de um retrato de criança marcou um momento muito significativo na história do sentimento dos pais pelos filhos!

A concepção de alma, para os medievais católicos, estava — como está até hoje — associada às interpretações que a Igreja dava aos textos evangélicos. Encontra-se na arte dessa época a alma representada por uma criança assexuada e nua. Outra pintura da época mos-

---

[2] COULANGES, Fustel de. *A cidade antiga*. Lvr. 2, cap. 3, p. 84.

tra um moribundo exalando uma criança pela boca, simbolizando a partida da alma, ou seja, a morte. Já o nascimento assumia bizarras concepções, sendo representado, em outra pintura, por um casal que repousa no leito, insinuando ter realizado o ato sexual, quando uma criança nua chega pelos ares e penetra na boca da mulher, sugerindo a fecundação.[3] Mas isso não significava que os homens sentissem a criança como um ser enviado por Deus e que ela tivesse uma alma como os adultos. Tanto que, no País Basco, enterrava-se a criança, que não fora batizada, no jardim, pois era considerada como um animal de estimação.[4] Portanto, ela somente adquiriria a alma com o batismo!

Na Idade Média, a diferença entre a criança e o adulto era tão somente quantitativa, e não qualitativa. Por falta de uma pedagogia que orientasse os adultos sobre como proceder com as crianças na escola e no meio social, tudo era feito como se elas fossem adultos incompletos. Infelizmente, esse entendimento se alongou até a Idade Moderna.

O sentimento de amor à criança, a partir de uma concepção mais avançada sobre ela, não se deu de forma plena em todos os lugares e ao mesmo tempo. Começou a se desenvolver socialmente a partir do século XVI, fortalecendo-se, sobretudo, no final do século XVII, quando surgiu uma forte reação contra aquele sentimento. Montaigne se manifestou irritado:

> Não posso conceber essa paixão que faz com que as pessoas beijem as crianças recém-nascidas, que não têm ainda nem movimento da alma, nem forma reconhecível no corpo pela qual se possam tornar amáveis, e nunca permiti de boa vontade que elas fossem alimentadas na minha frente.[5]

---

[3] ARIÉS, Philippe. *História social da criança e da família*. Pt. 1, cap. 2, p. 20.
[4] Idem, ibidem. p. 22.
[5] Idem, ibidem. p. 101.

Um século depois, moralistas e educadores ainda partilhavam da repugnância de Montaigne com relação às crianças, pois, em pleno século XVII, a Filosofia e a Teologia manifestavam sua aversão à criança de maneira inconcebível na atualidade. Badinter fez um estudo da condição da criança antes de 1760 e concluiu que ela amedrontava a sociedade, considerando-a um estorvo, sendo merecedora de desprezo![6] Santo Agostinho — afirma Badinter — muito colaborara para que a criança representasse uma ameaça para os adultos. Na sua obra *Cidade de Deus* (Livro X, cap. 22), o bispo de Hipona refere-se à criança como um ser ignorante, apaixonado e caprichoso: "Se o deixássemos fazer o que lhe agrada, não há crime em que não se precipitasse".

Jesus, usando de tolerância e amor às crianças, disse: "Deixai vir a mim as criancinhas", mas Santo Agostinho redarguia afirmando: "Não, Senhor, não inocência infantil" e continua além: "É, portanto, uma imagem de humildade que haveis louvado na pequenez da criança, quando dissestes: Aos que lhes são semelhantes pertence o reino dos céus".

O pensamento agostiniano reinou por muito tempo na história da Pedagogia. Constantemente retomada até o fim do século XVII, manteve uma atmosfera de dureza na família, sociedade e nas escolas.

No século XVII, no Brasil, "[...] os filhos varões das classes mais abastadas frequentavam a escola vestidos de casaca, calções curtos presos ao joelho, tricórnio e espadim, e as meninas, imitando as suas mães, usavam crinolina, corpete, cabeleira empoada e calçado de salto alto".[7]

> Os meninos, uns homenzinhos à força desde os nove ou dez anos. Obrigados a se comportarem como gente grande: o cabelo bem penteado, às vezes frisando a Menino Jesus; o colarinho duro; calça comprida; roupa preta; botinas pretas; o andar grave; os gestos sisudos; um ar tristonho de quem

---

[6] BADINTER, Elisabeth. *Um amor conquistado*: O mito do amor materno. Cap. 2, p. 56.
[7] SANTOS, Theobaldo Miranda. *Noções de filosofia da educação*. p. 257.

acompanha um enterro [...]; seu trajo o de homens feitos. Seus vícios, os de homens [...]. Foi quase um Brasil sem meninos, o dos nossos avós e bisavós.[8]

O sentimento atual de infância, que a maioria de nós experimenta teve início com Rousseau, quando associou a infância ao primitivismo e ao irracionalismo. O filósofo genebrino, como já citamos antes, apregoava que a criança nasce pura, por isso deve crescer de acordo com a natureza, distante do contato com a sociedade, a qual poderia conspurcá-la. A partir de então, passou-se a ter preocupação em separar a criança do adulto e a se tomar cuidado com os acontecimentos em sua volta. Nada obstante, a ingenuidade naturalista de Rousseau, depois da publicação de seu livro *Émile*, em 1762, todos os pensadores que se ocupavam de crianças retornam ao pensamento rousseauniano para levar mais adiante as suas implicações na compreensão e educação delas. Embora erros e acertos nas teorias do autor de *Émile*, deve-se a ele um grande avanço nas ideias sobre o sentimento do amor materno e os cuidados com a criança. Deram o impulso inicial à constituição da família moderna, à família fundada no amor materno, na qual a criança é esperada como uma dádiva divina, passando a ser a esperança de uma sociedade melhor.

Mesmo assim, o respeito e amor devidos à criança não se generalizaram tão rapidamente. Ainda na segunda metade do século XIX, durante a Revolução Industrial na Inglaterra, criança era sinônimo de força de trabalho e tinha valor mercantil. Por isso, em 1756, um célebre *filantropo*, Monsieur de Chamousset, afirmava quanto era importante para o Estado a preservação das crianças. Ele se referia à sua capacidade de trabalhar nas minas de carvão e nos teares. Aos proletários era incentivada a constituição de uma família numerosa, pois cada filho representava um lucro a mais. Se hoje condenamos veementemente a exploração do trabalho infantil, exigindo que a criança vá à escola, que brinque e pratique esporte, no início do século XVIII isso seria uma heresia e talvez um crime de lesa-majestade na Inglaterra. Vejamos um texto de Daniel Defoe, citado por Huberman:

---

[8] FREIRE, Gilberto. *Casa grande e senzala*. Cap. V.

> Entre as residências dos patrões estão espalhadas, em grande número, cabanas ou pequenas moradias, nas quais residem os trabalhadores empregados, cujas *mulheres e filhos estão sempre ocupados*, cardando, fiando, etc., de forma que, não havendo desempregados, todos podem ganhar o seu pão, desde o mais novo ao mais velho. *Quase todos os que têm mais de quatro anos ganham o bastante para si*. É por isso que vemos tão pouca gente nas ruas; mas se batemos a qualquer porta, vemos uma casa cheia de pessoas ocupadas, algumas mexendo com tintas, outros dobrando a fazenda, outras no tear [...].[9] (Grifo nosso.)

Prezado(a) leitor(a) é chocante constatar que crianças de quatro anos trabalhassem para se manterem vivas! Diante do horror, buscamos nos tranquilizar, certos de que tudo se passou somente no século XVIII, já bem distante. No entanto, o mesmo historiador, citado acima, apresenta um relatório publicado pelo *State Department of Labor*, em setembro de 1934, revelando que, no Estado de Connecticut (Estados Unidos), havia crianças de dois anos trabalhando nas indústrias de artigos metálicos![10]

O trabalho infantil no Brasil ainda é uma chaga a ser curada. Milhares de crianças deixam de ir à escola e ter seus direitos preservados, porque trabalham desde a mais tenra idade na lavoura, em fábricas domésticas ilegais e em casas de família, sendo exploradas, em regime de trabalho escravo, já que muitas delas nem mesmo recebem remuneração.

Segundo um estudo realizado pela Fundação Abrinq, em 2017, aproximadamente um terço das crianças brasileiras, de cinco a 14 anos, estão envolvidas em trabalho infantil, por isso fora das escolas.

Mesmo amadas pela maioria dos pais, tidas como o futuro moral e espiritual do nosso planeta, muitas crianças continuam como párias da nossa sociedade, tendo sua formação deteriorada pe-

---

[9] HUBERMAN, Leo. *História da riqueza do homem*. p. 123.
[10] Idem, ibidem. p. 128.

las agressões físicas e morais, sendo-lhes oferecidas para consumo mental imagens, ideias e brinquedos que em nada contribuem para sua reeducação como Espírito imortal.

O Espiritismo como Ciência, Filosofia e Religião nos dá a verdadeira dimensão do significado e importância da criança para a Humanidade e, em especial, a seus pais. Para a Terceira Revelação, o infante representa o meio pelo qual se processa a melhoria moral e espiritual do nosso planeta. Como ele passará de *mundo de provas expiações* para o *mundo de regeneração*, sem que seus futuros habitantes – as crianças de hoje – não estejam regenerados pela educação moral e espiritual?

Quais as contribuições da Doutrina Espírita para a compreensão do que seja realmente uma criança e da importância que tem a infância? Os atos indesejáveis praticados pela criança são simplesmente irracionalidades ou produtos de suas imperfeições como Espíritos involuídos e reencarnados?

Um respeitável pensador, considerado um dos pais da Igreja, foi incisivo nessa questão, escrevendo o que acreditava ser uma verdade, aproximando-se significativamente da Terceira Revelação: "Daqui se segue que o que é inocente nas crianças é a debilidade dos membros infantis, e não a alma".[11]

O Espiritismo não descarta a hipótese de Espíritos elevados, com valores morais que superam os da maioria, reencarnem na Terra para acelerar o progresso da Humanidade, os quais, sem dúvida, logo cedo demonstrarão suas virtudes, passando a serem considerados crianças prodígios. Kardec interroga os Espíritos e eles esclarecem:

> *Espírito que anima o corpo de uma criança é tão desenvolvido quanto o de um adulto?*
> "Pode ser até mais desenvolvido, se progrediu mais, pois é apenas a imperfeição dos órgãos que o impede de manifestar-se. O Espírito age de acordo com o instrumento de que dispõe." (LE, q. 379.)

---

[11] AGOSTINHO, Santo. *Confissões*. Cap. VI, p. 36.

Prezados leitores, daqui para a frente estaremos nos esforçando em deixar claro o que é uma criança na visão espírita, concluindo que evoluímos bastante em relação a ela e alimentando a esperança de que os temas escolhidos ajudem pais, familiares e educadores a melhor compreendê-la e ajudá-la a alcançar seu desiderato.

Se houvéssemos tomado conhecimento da lenda a seguir em tempos passados, possivelmente teríamos avançado com mais celeridade na compreensão da importância que sempre teve a criança entre nós. Consolemo-nos: é tempo da recuperação espiritual de todos nós.

B) A LENDA DA CRIANÇA[12]

Dizem que o Supremo Senhor, após situar na Terra os primeiros homens, dividindo-os em raças diversas, esperou, anos e anos, pela adesão deles ao Bem Eterno. Criando a todos para a liberdade, aguardou pacientemente que cada um construísse o seu próprio mundo de sabedoria e felicidade. À vista disso, com surpresa, começou a ouvir do Planeta Terrestre, ao invés de gratidão e louvor, unicamente desespero e lágrimas, blasfêmias e imprecações, até que, um dia, os mais instruídos, amparados no prestígio de Embaixadores angélicos, se elevaram até Deus, a fim de suplicarem providências especiais. E, prosternados diante do Todo-Poderoso, rogaram cada qual por sua vez:

— Pai, tem misericórdia de nós!... Repartimos a Terra, mas não nos entendemos... Todos reprovamos o egoísmo; no entanto, a ambição nos enlouquece e, um por um, aspiramos a possuir o maior quinhão!...

— Oh, Senhor!... Auxilia-nos!... Deste-nos a autonomia; contudo, de que modo manejá-la com segurança? Instituíste-nos có-

---

[12] XAVIER, Francisco Cândido. *Estante da vida*. Pelo Espírito Irmão X. p. 87.

digos de amparo mútuo; no entanto, ai de nós!... Caímos, a cada passo, pelos abusos de nossas prerrogativas!...

— Santo dos Santos, socorre-nos por piedade!... Concedeste-nos a paz e hostilizamo-nos uns aos outros. Reuniste-nos debaixo do mesmo Sol!... Nós, porém, desastradamente, em nossos desvarios, na conquista de domínio, inventamos a guerra... Ferimo-nos e ensanguentamo-nos, à maneira de feras no campo, como se não tivéssemos, dada por ti, a luz da razão!...

— Pai Amantíssimo, enriqueceste-nos com os preceitos da justiça; todavia, na disputa de posições indébitas, estudamos os melhores meios de nos enganarmos reciprocamente, e, muitas vezes, convertermos as nossas relações em armadilhas nas quais os mais astuciosos transfiguram os mais simples em vítimas de alucinadoras paixões... Ajuda-nos e liberta-nos do mal!...

— Ó Deus de Infinita Bondade, intervém a nosso favor! Inflamaste-nos os corações com a chama do gênio, mas habitualmente resvalamos para os despenhadeiros do vício... Em muitas ocasiões, valemo-nos do raciocínio e da emoção para sugerir a delinquência ou envenenar-nos no desperdício de forças, escorregando para as trevas da enfermidade e da morte!...

Conta-se que o Todo-Misericordioso contemplou os habitantes da Terra, com imensa tristeza, e exclamou, amorosamente:

— Ah! meus filhos!... meus filhos!... Apesar de tudo, eu vos criei livres e livres sereis para sempre, porque, em nenhum lugar do Universo, aprovarei princípios de escravidão!...

— Oh! Senhor — soluçaram os homens —, compadece-te então de nós e renova-nos o futuro!... Queremos acertar, queremos ser bons!...

O Todo-Sábio meditou, meditou...

Depois de alguns minutos, falou comovido:

— Não posso modificar as Leis Eternas. Dei-vos o Orbe Terreno e sois independentes para estabelecer nele a base de vossa ascensão aos Planos Superiores. Tereis, constantemente e seja onde for, o que fizerdes, em função de vosso próprio livre-arbítrio!... Conceder-vos-ei, porém, um tesouro de vida e renovação, no qual, se quiserdes, conseguireis engrandecer o progresso e abrilhantar o Planeta... Nesse escrínio de inteligência e de amor, disporeis de todos os recursos para solidificar a fraternidade, dignificar a ciência, edificar o bem comum e elevar o direito... De um modo ou de outro, todos tereis, doravante, esse tesouro vivo, ao vosso lado, em qualquer parte da Terra, a fim de que possais aperfeiçoar o mundo e santificar o porvir!...

Dito isso, o Senhor Supremo entrou nos Tabernáculos Eternos e voltou de lá trazendo um ser pequenino nos braços paternais...

Nesse augusto momento, os atormentados filhos da Terra receberam de Deus a primeira criança.

CAPÍTULO 1
A CRIANÇA, QUEM ELA É?

De certa forma, todos sabemos o que é uma criança. No entanto, se nos perguntarem de chofre qual a sua razão de ser entre nós, primeiramente iremos nos surpreender com a pergunta e, em seguida, perceberemos que a resposta não é tão simples como nos parecia.

O educador, o pediatra, o político, o religioso e tantos outros, possivelmente, terão respostas distintas para a mesma indagação. O primeiro dirá que a criança é o vaso perfeito para nele se plantar o gosto pelo conhecimento e as virtudes que caracterizam o homem de bem; o segundo talvez responda que é o organismo frágil que deverá ser cuidado com atenção, almejando-se boa saúde e longa vida; o político idealista discursará que ela é o futuro da nação e para ela deverá convergir toda a atenção dos governantes e da sociedade. O religioso, independentemente da sua crença, reconhecerá ser uma dádiva divina, um recado de esperança na melhoria da Humanidade, solicitando-nos educação e amor. Todas as respostas são merecedoras de acatamento. O leitor, no entanto, não fique constrangido se não pensou em nenhuma das possíveis respostas. Mesmo diferente de todas, a sua poderá ser também válida.

É possível que ainda não saibamos o que significa, para cada um de nós, uma criança na sua totalidade. Na França, os educadores do Século das Luzes já buscavam essa resposta. Jean-Jacques Rousseau, um dos filósofos da época, que admitia ser a criança nascida pura, mas corrompida pela sociedade, afirmava que os *educadores não conheciam a infância* e que as ideias que dela faziam eram falsas, rogando que estudassem mais e melhor seus alunos.

As dificuldades continuam até hoje. A conceituação do termo *criança* passa por diversas áreas do conhecimento humano, tais como Filosofia, Religião, Pedagogia, Política etc. A ideia de criança não é consensual devido à discordância existente entre os interessados no assunto em limites etários, caracteres psicológicos precisos para determinar com segurança a condição de ser criança ou não. Considerando-se os diversos ângulos que podem delimitar a fase em que o ser humano é uma criança e a que deixa de ser, o problema se afigura complicado. Qual o critério a ser adotado para a limitação da fase infantil: o etário ou o psicológico? O biológico ou o espiritual?

A tradição jurídica inaugurada pela *Convenção Internacional sobre os Direitos da Criança*[13] considera como tal todo ser humano menor de 18 (dezoito) anos, exceto se, nos termos da lei, atingir mais cedo a maioridade (art. 1º do referido documento). Nos dias de hoje, em razão da rápida maturidade psicológica e mesmo biológica que os nascidos alcançam, desenvolve-se, entre eles, e também na sociedade, uma forte resistência em admitir que a partir dos 12 (doze) anos sejam admitidos como crianças. Os jovens atualmente com essa idade não aceitam mais ser considerados como tal, nem mesmo pelos seus pais, admitindo serem adultos. Chamá-los de *criança* e ter com eles os devidos cuidados é fazê-los passar por situações vexatórias, no entendimento deles.

Outros contextos e tradições jurídicas, contudo, consideram que se é criança até o término do ensino fundamental. Para efeito de trabalho, as convenções internacionais sobre a idade mínima de acesso ao trabalho remunerado têm, em épocas sucessivas, alterado os limites do que se considera *criança*.

---

[13] Nota do autor: *Convenção internacional sobre os direitos da criança* é um tratado que visa à proteção de crianças e adolescentes de todo o mundo, aprovada na Resolução 44/25 da Assembleia Geral das Nações Unidas, em 20 de novembro de 1989.

O *dicionário Houaiss* registra que criança é o "ser humano que se encontra na fase da infância; indivíduo que se encontra na fase que vai do nascimento à puberdade, quando se dão as transformações psicofisiológicas ligadas à maturação sexual que traduzem a passagem progressiva da infância à adolescência". Ser criança é não ser adulto, com prerrogativas estabelecidas por lei; período da vida que é legalmente definido como aquele que vai desde o nascimento até os doze anos, quando se inicia a adolescência.

> Urgente é que os pais, educadores e familiares aceitem que "A criança, à luz da Psicologia atual, não mais o 'adulto em miniatura', nem a vida orgânica representa mais a realidade única, face às descobertas das modernas ciências da alma".[14]

Neste nosso trabalho consideramos que a idade limite para criança é doze anos, muito embora, em situações especiais, citaremos casos de jovens com idade superior, porque sua história teve início antes dos doze anos, portanto, ainda criança.

Na verdade, os pais e os membros da família pouco se importam com essas conceituações: são orientados mais pelo sentimento do que pela razão. O que lhes tocam são a *inocência*, a *pureza* que bem caracterizam a fase da infância.

Vamos, então, primeiramente, conceituar infância estudando esses dois aspectos.

---

[14] FRANCO, Divaldo Pereira. *Compromissos iluminativos*. Pelo Espírito Bezerra de Menezes. Cap. 8, p. 29.

CAPÍTULO 2
A INFÂNCIA

O termo *infância* traz o conceito de um período da vida que precede a adolescência. É a fase que se caracteriza por uma grande dependência do ser humano com relação aos seus genitores e aos demais membros da família. A alta capacidade de se deixar conduzir e sua plasticidade, tanto física como psicológica, dão ao infante um admirável potencial de aprendizagem e assimilação de impressões e experiências que permanecerão indeléveis para o resto da vida. É na infância que, sob a ação dos pais e educadores, a criança se equipa do conjunto de hábitos e maneiras de agir que a preparam para a vida em sociedade. A infância é o período de dependência e dos cuidados protetores dos pais e, enquanto nessa fase, a criança forma como uma unidade espiritual e emocional.

> O período infantil é o mais sério e o mais propício à assimilação dos princípios educativos. *Até aos sete anos, o Espírito ainda se encontra em fase de adaptação para a nova existência que lhe compete no mundo.* Nessa idade, ainda não existe uma integração perfeita entre ele e a matéria orgânica. Suas recordações do Plano Espiritual são, por isso, mais vivas. [...]

Eis por que o lar é tão importante para a edificação do homem, e por que tão profunda é a missão da mulher perante as Leis Divinas.

Passada a época infantil, [...] *os processos de educação moral, que formam o caráter, tornam-se mais difíceis* com a integração do Espírito em seu mundo orgânico material, e, atingida a maioridade, se a educação não se houver feito no lar, então, só o processo violento das provas rudes, no mundo, pode renovar o pensamento e a concepção das criaturas. [...]¹⁵ (Grifo nosso.)

A melhor escola ainda é o lar, onde a criatura deve receber as bases do sentimento e do caráter.
Os estabelecimentos de ensino [...] podem instruir, mas só o instituto da família pode educar. É por essa razão que a universidade poderá fazer o cidadão, mas somente o lar pode edificar o homem.¹⁵

É ingenuidade do adulto pensar que, pelo fato de a criança não compreender o que se passa em seu redor, não há mal nenhum em ter diante dela um comportamento comprometedor. Os educadores do século XIX já se preocupavam com certas atitudes dos adultos diante das crianças, ao contrário do que se pensava na Idade Média, quando elas conviviam promiscuamente com os adultos, sem que estes tivessem o menor recato, tanto nos gestos, quanto nas palavras e nas atitudes. O Espírito Cécile Monvel trouxe, nesse sentido, sua cooperação numa educativa mensagem mediúnica intitulada "A Castidade":

Basta uma única palavra impura para alterar a pureza de uma criança; basta uma única criança impura introduzida numa casa de educação pública para gangrenar toda uma geração de crianças que, mais tarde, se tornarão homens. Haverá um só homem sensato que ponha em dúvida a verdade patente e dolorosa deste fato? Ninguém duvida, ninguém ignora

---

¹⁵ XAVIER, Francisco Cândido. *O consolador.* Pelo Espírito Emmanuel. q. 109 e 110, respectivamente.

> toda a extensão do mal que uma única palavra pode acarretar, contudo ninguém se julga obrigado a essa castidade da alma, que revolta todo pensamento obsceno, por mais disfarçado que seja e, mesmo, em certas circunstâncias, ninguém olha como estrita obrigação moral abster-se de pilhérias que deviam fazê-lo corar, se não se orgulhasse em não corar. Triste e vergonhoso orgulho! (RE, 1863, p. 379.)

Devemos admitir que a criança registra com extrema nitidez tudo o que se passa à sua frente e tira conclusões segundo sua maturidade, podendo as imagens registradas evoluir para complexos e traumas na sua juventude ou maturidade, dependendo das circunstâncias do futuro. Para se desenvolver normalmente, a infância necessita de um clima familiar sadio e, principalmente, de amor dedicado e carinhoso, o que não significa condescendência com seus caprichos e teimas, os quais podem ser a manifestação de suas tendências oriundas do seu pretérito espiritual desconhecido por nós.

A infância é, também, um repouso para o Espírito reencarnante, pois ele, para voltar à matéria, é submetido a processos físicos e psicológicos traumatizantes: magnetização, contração perispiritual, esquecimento do passado, esforço para alcançar seu desiderato no útero materno, lutando, às vezes, contra a rejeição dos próprios pais e o assédio nefasto de possíveis credores vingativos, que não desejam a sua libertação.

Concluímos lembrando que "[...] a infância não só é útil, necessária e indispensável, mas também consequência natural das leis que Deus estabeleceu e que regem o Universo" (LE, q. 385, § 8).

2.1 INOCÊNCIA

Com o ar de inocência com que se apresenta, a criança distrai os pais e dificulta-lhes a observação de suas tendências. Como imaginar que aquela alma, animando aquele corpo tão frágil, tão gracioso e dependente, seja alguém guardando na consciência profundas imperfeições? A visão do Espiritismo, sem ser desumana e sem desrespeitar o carinho com que os pais olham seus filhos, é bastante racional. Eis o que diz o Codificador com relação à inocência:

> [...] Não se veem crianças dotadas dos piores instintos, numa idade em que a educação ainda não pôde ter exercido a sua influência? Não se veem algumas que parecem trazer do berço a astúcia, a falsidade, a perfídia, até mesmo o instinto do roubo e do assassínio, não obstante os bons exemplos que de estão cercadas? [...] *Mas de onde podem provir instintos tão diversos em crianças da mesma idade, educadas nas mesmas condições e sujeitas às mesmas influências? De onde vem essa perversidade precoce, senão da inferioridade do Espírito,* já que a educação em nada contribuiu para isso? (LE, q. 199-a.) (Grifo nosso.)

Compreendamos que a Doutrina Espírita não é desumana por demonstrar o que de verdadeiro existe por trás da aparente inocência da criança, nem também prega um policiamento constante dos pais em cima dos filhos em tenra idade, como se fossem vigilantes implacáveis observando um astucioso delinquente. Se a Doutrina é racional em um momento, nem por isso deixa de ser consoladora. Amor e razão devem se conciliar sempre. É ainda Allan Kardec que diz:

> [...] Tudo é sábio nas obras de Deus. A criança necessita de cuidados delicados, que somente a ternura materna lhe pode dispensar, ternura que se acresce da fraqueza e da ingenuidade da criança. *Para uma mãe, seu filho é sempre um anjo e assim deveria ser*, para cativar a sua solicitude. [...] (EE, cap. 8, it. 4.) (Grifo nosso.)

Podemos entender, definitivamente, que o Espírito somente se mantém na condição de criança por se acharem ainda adormecidas as ideias, os sentimentos e as experiências que lhe embasam o caráter. Durante o tempo em que suas tendências se conservam adormecidas no seu inconsciente espiritual, impedidas de se manifestar plenamente, a criança se torna mais maleável e, por isso mesmo, mais acessível às impressões capazes de lhe modificarem a natureza e de fazerem-na progredir. A tarefa para os pais fica bem mais fácil dessa forma. É a Natureza agindo sábia e amorosamente. O Espírito, pois, enverga temporariamente a túnica da inocência, mas, diante de pais conhecedores de sua origem, não conseguirá esconder suas tendências.

2.2 PUREZA

O filósofo genebrino Rousseau defendeu a tese de que a criança nasce pura. Pensava da mesma forma o filósofo Voltaire: "Reuni todas as crianças do universo, e não vereis nelas senão inocência, doçura e timidez; se houvessem nascido más, malfeitoras, cruéis, mostrariam algum sinal, tal como as serpentezinhas procuram morder e os tigrinhos arranhar".[16] No entanto, os Espíritos informaram a Kardec, no século XIX, que não é bem assim. A criança é um Espírito adulto, com erros e acertos, que retorna à carne para se aperfeiçoar, fazendo uso do seu livre-arbítrio.

Kardec ensina que só os Espíritos da primeira ordem, ou seja, aqueles que já percorreram todos os graus da escala evolutiva e não têm mais que sofrer novas encarnações, a não ser em missões muito importantes, podem ser detentores da pureza absoluta.

A criança não é um modelo de pureza como somos levados a sentir perante a sua beleza, dependência e impossibilidade em dizer quem ela é realmente e a que veio. Como explicita o Codificador com muita sabedoria, "a pureza de coração é inseparável da *simplicidade* e da *humildade*. Exclui toda ideia de *egoísmo* e de *orgulho*" (EE, cap. 8, it. 3). (Grifo nosso.)

Em uma criança presenciamos a manifestação dessas virtudes e ficamos fascinados, considerando-a pura definitivamente. Mas, em

---

[16] VOLTAIRE. *Dicionário filosófico*. Verbete *mau*, p. 230.

verdade, ela se apresenta naquela fase, como já foi dito, para facilitar o trabalho dos pais e conquistar-lhes o amor. Como a criança é reencarnante em um planeta de provas e expiações renasce numa condição provacional ou expiatória. Apresenta-se dócil e aberta às sugestões e influências do meio, para ser reeducada como Espírito imortal que é.

A interpretação de que a criança é pura, no sentido de não ter nenhum *pecado* e de ser merecedora incondicional do Reino de Deus, baseada no Evangelho de Mateus, jamais esteve de acordo com a Justiça Divina. Os ensinamentos do Mestre Jesus foram ministrados, na maioria das vezes, em forma alegórica, pois seus contemporâneos somente assim os entenderiam. Outra razão da alegoria é que as verdades trazidas por Ele deveriam caminhar por séculos na esteira do tempo, sendo reinterpretadas segundo a época e o entendimento de cada povo. Allan Kardec (EE, cap. 8, it. 18) desfaz a interpretação equivocada até então dada à passagem evangélica, citada por Mateus: "Em verdade vos digo que, *se não vos converterdes e não vos tornardes como as crianças*, de modo algum entrareis no Reino dos Céus. Aquele que *se tornar pequenino como esta criança*, esse é o maior no Reino dos Céus" (*Mt.*, 18:1 a 4 . *Bíblia de Jerusalém* (BJ)). (Grifo nosso.)

Sem nos atermos apenas à letra, mas também ao seu *espírito*, notamos que primeiro Jesus diz aos circunstantes que *se convertam*, sem dúvida, à doutrina do amor, do perdão e da humildade que Ele pregava. Depois de convertidos e enobrecidos em seus atos e sentimentos, o passo seguinte seria se identificarem *como* uma criança e, dessa forma, estariam aptos ao Reino dos Céus. Destaque-se, ainda, o termo *pequenino*, que contém a ideia alegórica de *humildade*. Devemos lembrar aqui a coerência do que estamos dizendo, quando ensinou que "aquele que no vosso meio for o *menor*, esse será grande" (*Lc.*, 9:48).

O teólogo Fabris, fazendo um balanço histórico-crítico da vida de Jesus, entende que as declarações de Jesus nessa passagem se enquadram no contexto social em que as crianças, as mulheres e os escravos são considerados imaturos e irresponsáveis, privados de direitos e dignidade humana em todos os níveis, e que o Mestre faz da criança um modelo de atitude diante do Reino de Deus projetado no futuro. Logo, Fabris não vê naquela declaração a certeza do Reino de Deus para as crianças.[17] A interpretação do teólogo, com base na condição humilhante das crianças e mulheres, é a de que Jesus via ali uma oportunidade de exaltar os pequenos, combatendo o orgulho e a vaidade do seu povo. Essa desigualdade social pode ser notada no *Evangelho de Mateus* (14:13 a 21), quando, após narrar a multiplicação dos pães e dos peixes feita pelo Rabino Jesus, assim conclui: "Ora, os que comeram eram cerca de cinco mil homens, *sem contar mulheres e crianças*". Como vemos, o publicano convertido não se safou da força cultural de sua época, não contando as mulheres nem as crianças porque não eram significativas para o que acontecera. (Grifo nosso.)

Com a palavra o Espírito João Evangelista:

> Disse o Cristo: "Deixai vir a mim as criancinhas". Profundas em sua simplicidade, essas palavras não continham um simples chamamento dirigido às crianças, mas, também, o das almas que gravitam nas regiões inferiores, onde o infortúnio desconhece a esperança. Jesus chamava a si a infância intelectual da criatura formada: os fracos, os escravizados e os viciosos. *Ele nada podia ensinar à infância física, presa à matéria, submetida ao jugo do instinto*, ainda não incluída na categoria superior da razão e da vontade que se exercem em torno dela e por ela. (EE, cap. 8, it. 18.) (Grifo nosso.)

Entendendo dessa forma a pureza da criança, melhor nos preparamos moral, emocional, intelectual e espiritualmente para reeducá-la como um Espírito em evolução, à espera de nosso apoio para a consecução dos seus objetivos na escada da evolução espiritual.

Fechemos este subcapítulo com uma mensagem do Espírito Bezerra de Menezes:

---

[17] FABRIS, Rinaldo. *Jesus de Nazaré*: história e interpretação. p. 114.

A infância é o sorriso da existência no horizonte da vida.
Representa esperança que o pessimismo não pode modificar.
É mensagem de amor para o cansaço no refúgio do desencanto, a fulgir no sacrário da oportunidade nova.
É experiência em começo que nos compete orientar e conduzir.
É luz a agigantar-se aguardando o azeite de nosso desvelo.
É sinfonia em preparação... nota solitária que o Músico Divino utilizará na sucessão dos dias para a grande mensagem ao mundo conturbado.
Atendamos o infante oferecendo, à manhã da vida, a promessa de um futuro seguro.
Nem a energia improdutiva;
nem o carinho pernicioso;
nem a assistência socorrista prejudicial às fontes do valor pessoal;
nem a negligência em nome da confiança no Pai de Todos;
nem a vigilância que deprime;
nem o arsenal de descuidos em respeito falso ao futuro homem...
Mas, acima de tudo, comedimento de atitudes com manancial farto de recursos pessoais e exemplos fecundos, porquanto as bases do futuro encontram-se na criança de hoje, tanto quanto o fruto do porvir dormita na flor perfumada de agora.
Cuidemos do infante, oferecendo o carinho fraterno dos nossos recursos, confiados de que, um dia, seremos convidados a oferecer ao Pai Misericordioso o resultado da nossa atuação junto àquele cuja guarda esteve aos cuidados do nosso coração.[18]

---

[18] FRANCO, Divaldo Pereira. *Compromissos iluminativos*. Cap. 9, p. 31.

CAPÍTULO 3
DE ONDE VÊM AS ALMAS DAS CRIANÇAS?

Do latim *anima*, semelhante à palavra grega *anemos* (vento, sopro, ar, emanação), a alma é tida como o *princípio* da vida. Todos temos consciência imediata da presença em nós desse *princípio imanente*, que dá vida ao nosso corpo e origem às nossas ações físicas e inteligentes, as quais são explicáveis unicamente pelas forças físico-químicas e biológicas de nosso organismo, como aprega o materialismo.

Para entender o que seja alma, basta contemplar um cadáver, ou seja, um corpo sem alma. Há pouco tempo aquele corpo podia ver. Seus órgãos visuais ainda estão intactos, no entanto o cadáver não vê mais porque lhe falta a alma. O conhecimento, a técnica, a arte, a ciência, as virtudes e, também, os vícios foram-se com a alma, porque a ela pertenciam.

A alma é um ser incorpóreo e depende do corpo somático para realizar suas atividades aqui no plano material, mas transcende àquele porque preexistia e permanecerá viva após a morte. "Não temais os que matam o corpo e não podem matar a alma" (*Mt.*, 10:28) — ensinava Jesus, assegurando a imortalidade da alma.

No momento em que a Natureza se manifesta pelo nascimento de mais uma criança no mundo, insinuando-se indiferente a qualquer ameaça agressiva à vida humana, surgem várias hipóteses para responder a origem e a natureza da alma, para explicar o relacionamento corpo-alma, ou seja, o que dá vida inteligente àquele pequeno ser que vem à luz do mundo. Falaremos aqui, abreviadamente, apenas três hipóteses, já que nossa intenção não é filosofar sobre essas questões.

O *materialismo* afirma que a alma é subproduto do corpo, não admitindo a vida e a consciência separadas do organismo físico. Sobre esta hipótese, não devo cansar o leitor com estéreis comentários por considerá-la sem argumento consistente perante às descobertas das ciências da alma, tal como a psicologia transpessoal, que leva em consideração os fenômenos místicos, as ocorrências paranormais, os êxtases naturais e também os provocados, comprovando, assim, a existência de um princípio inteligente além do corpo físico, princípio este denominado *mente* ou *alma*. A psicologia organicista insiste, ainda, em dizer que tais fatos são de origens patológicas.

Aos materialistas e teólogos, responde o professor Herculano Pires — respeitável estudioso espírita:

> A alma não é mais uma entidade metafísica ou uma concepção teológica: é o moderno psiquismo da concepção científica, mas liberto da sujeição do corpo. A alma não é mais um epifenômeno, um simples resultado das atividades do fenômeno orgânico. Passou a ser a *mente,* elemento extrafísico do homem, capaz de sobreviver à morte física, mas susceptível de investigação científica em laboratório.[19]

O *criacionismo*, a segunda hipótese, é a doutrina que afirma ser a alma de cada criança criada no momento da concepção, isto é, quando o espermatozoide penetra o óvulo amadurecido. É a linha teológica adotada pela Igreja católica. A aceitação da hipótese de que cada corpo ao nascer recebe uma *alma nova,* criada naquele momento, induz-nos a admitir que toda criatura deveria nascer perfeita, não trazendo nenhuma mazela moral nem física, pois o Criador

---

[19] PIRES, J. Herculano. *Parapsicologia hoje e amanhã*. p. 14.

é perfeito e nada cria que também não o seja. Por que a alma criada no momento da concepção traria nela caracteres morais indesejáveis e no seu corpo defeitos físicos, quando os pais são saudáveis de corpo e nobres de alma? As mazelas humanas e as diferenças sociais, morais e intelectuais, tornam-se impossíveis de serem justificadas racionalmente dentro do *criacionismo*, pois não são conciliáveis com a Sabedoria, Justiça e Misericórdia Divinas. Sabendo-se que nem sempre as inibições físicas do nascituro podem ser creditadas à herança genética dos pais, por serem sadios, tem-se que admitir que o Criador não se preocupa em evitar que sua criação seja maculada por desarmonia biológica, favorecendo o sorriso a alguns pais e negando a outros. Simples capricho ou experimentos insondáveis de um Soberano que é tido como a Fonte de Todo Amor? Qual a sua resposta, caros leitores?

Pela obra se conhece o autor, diz o provérbio; pelo fruto se conhece a árvore, afirmou Jesus; logo, o Espírito que vem ao mundo, criado por Deus, simples e ignorante, deveria ser perfeito. E não se diga que ignorância é imperfeição. Ela pode ser considerada como um espaço vazio na mente para acomodar novos conhecimentos. Mas o Espírito, desenvolvida a sua inteligência, passa a ser cocriador ao lado da Inteligência Suprema, que é Deus, conforme nos ensina o Espírito André Luiz.[20] O que tem o Espírito de imperfeito foi por ele mesmo criado ao longo de suas diversas encarnações, fazendo uso indevido do seu livre-arbítrio, privilégio outorgado pelo Criador para que sua criatura, já com a inteligência, possa escolher entre o bem e o mal.

A *reencarnação*, ou a pluralidade das existências, que não é uma hipótese, mas uma verdade comprovada, é princípio harmônico com a Justiça e a Misericórdia Divinas. Confirma que a alma preexiste antes do nascimento do ser humano. Allan Kardec (1804-1869) recebeu o ensinamento dos Espíritos Superiores, o ensinamento de que a alma tem a oportunidade de reencarnar quantas vezes forem necessárias, com a finalidade de se aperfeiçoar moral, intelectual e

---

[20] XAVIER, Francisco Cândido/VIEIRA, Waldo. *Evolução em dois mundos*. p. 23.

espiritualmente. Dessa forma, para o Espiritismo, a alma é um ser independente da matéria, preexistindo antes dessa e continuando a existir após a morte do corpo, mantendo sua individualidade. Para a Doutrina Consoladora, todo *nascimento* nada mais é do que um *renascimento*. Se diante de uma criança que acaba de vir ao mundo lembrarmos que alguém acaba de renascer, a visão que teremos dela, durante toda a sua vida, será a de que ela *voltou* em busca de algo que poderemos ajudá-la a encontrar. Nunca estaremos errados se admitirmos que ela — a alma — está fundamentalmente em busca do caminho de retorno ao seu Criador, porque todos nos perdemos nas incontáveis existências, distanciando-nos do Pai Amoroso.

As pesquisas dos fenômenos relacionados com a teoria da reencarnação — tais como as relatadas nos livros do professor Ian Stevenson, da Universidade de Virgínia, nos Estados Unidos; do professor Banarjee, da Universidade de Jaipur, na Índia; e do engenheiro Hernani Guimarães Andrade, em São Paulo, no Brasil, este com a publicação da importantíssima obra *Reencarnação no Brasil* — não deixam dúvidas quanto ao fato, levando os incrédulos a se acautelarem nas suas manifestações contrárias.

Resultados de inestimável valor na confirmação da preexistência do Espírito antes do seu renascimento estão também contidos no livro *Além do cérebro*, de Stanislav Grof. Nele o autor publica resultados de 30 anos de pesquisa e vivência, com os quais desafiam os modelos neurofisiológicos que dizem ser a consciência epifenômeno da matéria altamente evoluída, como o cérebro; coloca em xeque os modelos tradicionais da psique humana da atual psiquiatria acadêmica, que descrevem o recém-nascido como uma *tabula rasa*. Comprova Grof, com suas experiências que ele chama de *perinatais*, que toda formação da psique e da personalidade do homem não é resultado puramente do meio pós-natal. As pesquisas de Grof com experiências transpessoais demonstram que a alma traz lembranças de outras existências, valendo a pena a sua leitura para melhor conhecimento da comprovação científica da reencarnação.

A concepção que se tenha da origem da alma é de fundamental importância para se compreender a criança nas suas manifestações psicológicas e espirituais. Seja ela qual for, acatada por quem quer que seja, vai determinar maneiras distintas na apreciação e condução do desenvolvimento psíquico, social e espiritual do infante. Se a alma é efeito da matéria, energia que dela surgiu, por meios inexplicáveis pela Ciência, a criança será vista como um conglomerado de quintilhões de células, onde todas as suas vontades e ações serão tidas como resultantes de impulsos instintivos inconscientes, conforme apregoa Sigmund Freud (1856-1939) que, com sua teoria psicanalítica, superestimou a força da libido. Para ele a formação do caráter será o resultado final da interação entre os dotes constitucionais da criança — dotes cujas origens são do acaso — com outros fatores herdados geneticamente. Ensina a psicanálise que a natureza das experiências psicológicas da criança reflete o impacto dos processos do Id, do Superego e do Ego, as três estâncias psíquicas do ser humano. Dessa forma, o homem fica à mercê do determinismo psíquico, agindo inconscientemente, obedecendo aos impulsos do Id, manancial dos instintos, aos quais estão subordinados todos os seus atos. Uma grande falha da psicanálise é admitir uma única existência para explicar os complexos enigmas da mente. As raízes das tendências, neuroses, psicoses, fobias, depressões, ansiedade e outros males psíquicos poderiam ser detectados e aliviados ou até mesmo curados, com o antídoto correto, se ela, a psicanálise, pedisse ajuda da reencarnação, valorizando na psique humana não somente seu *inconsciente atual* mas também o *inconsciente profundo*, onde estão guardadas as matrizes de existências pregressas.

Com a chave da reencarnação, se a alma já animara outros corpos antes, vivenciando experiências diversas, usando do seu livre-arbítrio para se manter ou não no cumprimento das Leis Morais Divinas, compreende-se por que retorna à vida presente com inibições físicas, intelectuais e aleijões morais ou não, confirmando-se, assim, a Lei de Causa e Efeito. Dessa maneira, desde a infância, a criatura vai manifestar suas tendências, suas boas ou más inclinações.

Quando os Espíritos Superiores afirmam que "Deus criou todos os Espíritos simples e ignorantes, isto é, sem saber" (LE, q. 115), não estavam falando de imperfeição, mas sim de pureza e de ausência de conhecimento científico, que deveriam ser adquiridos pelo Espírito através das reencarnações, já que nascera fadado a evoluir incessantemente.

Desse modo, a criança, na ótica reencarnacionista, é um Espírito que traz consigo um patrimônio moral que lhe marca a individualidade. Ela é portadora de uma aparelhagem física herdada dos genitores, mas com o fantástico registro de experiências passadas, em outros corpos, que ficaram gravadas no seu perispírito, corpo espiritual indestrutível. Retorna o Espírito na condição de criança, esperançoso de sua recuperação, na grande maioria das vezes, pela doação do amor e da energia educativa dos seus pais. Eis a razão da necessidade de se conduzir a criança, desde cedo, à disciplina e ao exercício do bem, estabelecendo limites, antes de tudo, pelo exemplo dos genitores e educadores, essencialmente na fase da infância.

As almas não são criadas no momento da concepção ou no instante do nascimento, como afirmam os criacionistas. São companheiros espirituais de lutas antigas, a quem pagamos débitos sagrados ou de quem recebemos alegrias puras, por créditos de outros tempos. O instituto da família é cadinho sublime de purificação e o esquecimento dessa verdade custar-nos-á alto preço na vida espiritual. Admitida a pluralidade das existências em corpos diferentes, é vital observar e interpretar as tendências que as crianças apresentam para mais eficientemente ajudá-las na sua nova existência. As tendências são alertas muito importantes, pois, além de comprovarem que *as crianças estão retornando,* ajudam-nos a melhor compreendê-las, para melhor reeducá-las. Sobre isso falaremos em capítulo próprio.

CAPÍTULO 4
A QUEM PUXOU ESSA CRIANÇA?

— A quem puxou essa criança, agindo dessa forma?

Este é um questionamento tradicional e corriqueiro que ouvimos de muitos ao presenciarem a ação ou reação de uma criança diante de certas situações ou estímulos. Sem dúvida, a pergunta tem origem na crença materialista de que os filhos herdam os caracteres morais e psicológicos dos pais ou de seus antepassados. Resquício inconsciente do *traducionismo*, doutrina religiosa que postula serem os filhos derivação da alma dos pais no momento de sua geração, como um ramo deriva da árvore. Santo Agostinho esposava esse pensamento, o qual foi adotado por muitos teólogos protestantes, pois ajuda a explicar a transmissão do pecado original. O *traducionismo* se opõe ao *criacionismo*, do qual falamos quando tratamos da origem da alma.

A crença na hereditariedade de características psicológicas, intelectuais e morais, é tão forte que até mesmo os pais espíritas, sabedores de que o Espírito não herda do Espírito, deixam-se vencer pelo atavismo e chegam a responder à pergunta acima, dizendo que *puxou ao pai*, ou *puxou à mãe,* ou mesmo *ao avô* ou *a avó,* e assim por diante.

Quais prejuízos poderão causar essa falsa concepção dos pais na educação moral e espiritual de seus filhos?

Ora! Admitindo-se que a criança puxou a alguém da família nos seus caracteres morais, diminui, inconscientemente, a disposição dos pais de corrigir determinado filho ou filha por *não ter culpa de ser como é*: seus pendores morais foram herdados de alguém, até mesmo bastante respeitado pelo que foi e pelo que fez. Vai surgir uma pontinha de vaidade que fortalece a concepção errada, mas cômoda do ponto de vista da educação, como se aquele alguém fosse a criança de hoje. Fica no trono o determinismo biológico, como querem os materialistas. Os genitores, acomodando-se à teoria da herança moral, descuidam-se de ver nos procedimentos dos seus filhos as próprias tendências espirituais que devem ser levadas em alta consideração.

É vital para a *reeducação* espiritual da criança que essa maneira de pensar seja rejeitada, dando lugar ao que ensinam os Espíritos Superiores ao trazerem até nós ensinamentos novos a respeito das manifestações de caráter das crianças. Com eles aprendemos o verdadeiro porquê das semelhanças morais entre pais, filhos e demais parentes consanguíneos, explicadas pela afinidade espiritual entre si.

O Codificador pergunta aos Espíritos de onde se originam, então, as parecenças morais que costumam haver entre pais e filhos, recebendo como resposta: "São Espíritos simpáticos, atraídos pela similitude de suas inclinações" (LE, q. 207-a).

Nós, Espíritos imortais, ao longo de nossas experiências na esteira do tempo, assumimos diversas personalidades e vamo-nos filiando aos que se nos assemelham em ideais, hábitos e gostos, formando, assim, uma grande comunidade, cujos membros — numa primeira hipótese — se comprazem em se reencontrar na mesma família, como filhos, pais, irmãos, primos, avós etc., e — numa segunda hipótese — são atraídos, independentemente de suas vontades, pela lei de afinidade, a se reunirem para um ajuste de contas com as Leis Divinas. Voltamos, portanto, ao mundo físico por diversas vezes, em famílias consanguíneas diferentes e nos aproximamos socialmente uns dos outros por razões de semelhanças de temperamento e imperativo da Lei de Causa e Efeito. Se dois jovens se reencontram para o matrimônio programado no Mundo Espiritual, seus futuros filhos poderão ter semelhanças morais muito fortes com os avós ou com alguém das duas famílias, por fazerem parte de uma grande comunidade espiritual.

Quanto às semelhanças físicas, a essas se submete, *relativamente*, o Espírito ao reencarnar, segundo as suas necessidades, ou seja, em conformidade com seus merecimentos e sua programação de vida. Dissemos *relativamente* porque nem sempre o Espírito, ao reencarnar, se submete às leis genéticas. André Luiz ensina que:

> [...] o corpo herda naturalmente do corpo, segundo as disposições da mente que se ajusta a outras mentes, nos circuitos da afinidade, cabendo, pois, ao homem responsável reconhecer que a hereditariedade *relativa mas compulsória lhe talhará o corpo físico de que necessita em determinada encarnação*, não lhe sendo possível alterar o plano de serviço que mereceu ou de que foi incumbido, segundo as suas aquisições e necessidades, *mas pode, pela própria conduta feliz ou infeliz, acentuar ou esbater a coloração dos programas que lhe indicam a rota*, através dos bióforos ou unidades de força psicossomática que atuam no citoplasma, *projetando sobre as células e, consequentemente, sobre o corpo os estados da mente, que estará enobrecendo ou agravando a própria situação*, de acordo com a sua escolha do bem ou do mal.[21] (Grifo nosso.)

Logo, a consciência profunda do Espírito reencarnante interfere na genética e determina a organização celular. O estágio evolutivo do reencarnante vai estabelecer quanto ele se submeterá aos imperativos genéticos dos seus pais, considerando ainda os propósitos da nova experiência na carne. Se para ele for significativo adquirir como herança genética tal ou qual desarmonia somática de um dos seus pais, assim acontecerá para que o fato venha a cooperar com seu progresso moral. Caso contrário, renascerá com total integridade física e mental, não se submetendo, portanto, a qualquer desarmonia biológica e psíquica.

---

[21] XAVIER, Francisco Cândido/VIEIRA, Waldo. *Evolução em dois mundos*. Cap. 7, p. 73.

O conhecimento dessa realidade contribui substancialmente para que os pais melhor conduzam a educação dos seus filhos, Espíritos culpados na busca de saldar suas dívidas com a contabilidade divina e harmonizar sua consciência. Para isso, conta com o amor e a força moral daqueles que aceitaram acolhê-los como filhos. Ter a certeza de que os Espíritos formam grupos atraídos pela afeição, pela simpatia e pela semelhança das suas inclinações e ideais favorece a que todos, juntos novamente, aprendam a se amar e a trabalharem pelo seu mútuo adiantamento.

Detectadas as semelhanças de caráter entre pais e filhos ou com outros parentes, convêm aos genitores refletir a respeito. Se boa a semelhança, cooperar para que a alma a cultive; se má, buscar corrigi-la. Despindo-se da vaidade, os pais deverão considerar-se, também, responsáveis por tal ou qual traço de caráter do seu filho, pois, em se tratando de moral, não sendo produto da educação deformada, será da afinidade espiritual, conforme aprendemos. Vale lembrar que somos um Espírito com um corpo, e não um corpo com um Espírito, cabendo a este o domínio sobre aquele. "A matéria é apenas o envoltório do Espírito, como a roupa é o envoltório do corpo. Ao unir-se ao corpo, o Espírito conserva os atributos da natureza espiritual" (LE, q. 367).

CAPÍTULO 5
O INSTINTO À LUZ DE FREUD E DO ESPIRITISMO

Classicamente, o instinto pode ser entendido como um conjunto de comportamentos herdado, próprio de uma espécie animal, que pouco varia de um indivíduo para outro e que se desenrola segundo uma sequência temporal pouco suscetível de alterações, correspondendo sempre a uma finalidade precisa. São forças inatas e automáticas de origem biológica.

Allan Kardec, dono de invejável clareza literária e do poder de síntese, define que "*O instinto é a força oculta que impele os seres orgânicos a atos espontâneos e involuntários, tendo em vista a sua conservação*" (GE, cap. 3, it. 11).

Sabemos que as necessidades biológicas variam de acordo com as espécies. No homem, por exemplo, destacam-se o instinto de preservação da vida, manifestando-se na busca da alimentação, no ataque e na defesa, para manter-se vivo; o instinto de reprodução, pelo ato sexual, e o instinto gregário, forçando-o a procurar o outro para com ele conviver. Do ponto de vista prático, podemos assegurar que o instinto é o conjunto de ações e reações naturais em cada um de nós, que derivam das nossas necessidades fundamentais ou primárias. Essas ações e reações são, muitas vezes, inconscientes, mas o Codificador admite que "[...] o instinto é uma espécie de inteligência. É uma inteligência não racional; é por ele que todos os seres proveem às suas necessidades" (LE, q. 73).

Analisemos agora, de forma simplificada, o conceito de *instinto*, baseando-nos nas teorias do criador da psicanálise, o vienense Sigmund Freud (1856-1939), para melhor compreendermos o que é *tendência*, quando chegar o momento. A expressão *Freud explica*, tão vulgar e adotada quando se está à frente de alguém que se manifesta por um comportamento inusitado, indica quanto ele é conhecido no meio popular. As teorias de Freud exerceram forte influência no mundo científico ocidental, e continuam fazendo adeptos, felizmente nem todos ortodoxos, o que vem tornando possível o desdobramento e enriquecimento da psicanálise, muito importante para o tratamento das neuroses. O médico vienense explicou dogmaticamente tudo o que diz respeito ao psiquismo humano, a partir das suas teorias com base na *libido*, buscando convencer os seus contemporâneos de que todas as ações psíquicas eram produto da energia sexual em ação, a libido. Segundo Emídio Brasileiro, libido "é a energia resultante de um conjunto de forças vitais, destinada à reprodução da espécie biológica, à evolução e ao aperfeiçoamento intelecto-moral do Espírito em suas diversas atividades".[22] Acrescenta também que a libido se manifesta pelo perispírito ainda ligado à matéria, tendo como fonte criadora a epífise ou glândula pineal.

O Espírito Joanna de Ângelis contribui substancialmente para o entendimento do que é libido quando ensina que:

> Na estrutura profunda da individualidade humana, encontram-se as experiências milenárias do ser, nem sempre harmonizadas entre si, geradoras de conflitos e complexos negativos que a atormentam. Atavicamente vinculada ainda às sensações decorrentes da faixa primária por onde transitou, *a libido exerce-lhe poder preponderante no comportamento, conforme as constatações de Freud,* que a considerou fator essencial na vida humana, tendo organizado todo o edifício da psicanálise

---

[22] BRASILEIRO, Emídio. *Sexo, problemas e soluções*. q. 16 a 19.

na manifestação sexual castradora ou liberada, bem como na complexa influência materno-paternal. *Entretanto, herdeiro de si mesmo, o espírito é o autor do seu destino,* renascendo em lares nos quais mantém vínculos afetivos e familiares, conforme a sua conduta anterior. Preocupada com o ser-máquina, a psicologia não tem ensejado uma compreensão maior da criatura, que fica, na visão reducionista, limitada a um feixe de desejos e paixões primitivas.[23] (Grifo nosso.)

Sobre o entendimento do criador da psicanálise a respeito da ditadura da libido, manifesta-se o assistente Silas:

Freud [...] deve ser louvado pelo desassombro com que empreendeu a viagem aos mais recônditos labirintos da alma humana, para descobrir as chagas do sentimento e diagnosticá-las com o discernimento possível. *Entretanto, não pode ser rigorosamente aprovado,* quando pretendeu, de certo modo, explicar o campo emotivo das criaturas pela medida absoluta das sensações eróticas.[24]

Não se pode negar que a obra de Freud tem coisas boas e ruins, como tudo no mundo. Hermínio C. de Miranda, respeitável estudioso e espírita brasileiro, já desencarnado, tem um conceito eminentemente racional e pluralista sobre Freud. Diz que "há muito ouro bom na lama que o criador da psicanálise recolheu na sua bateia".[25]

Após o desenvolvimento da Teoria Topográfica, em que Freud vislumbrou o aparelho mental composto de três sistemas: *Inconsciente, Pré-consciente* (Subconsciente) e *Consciente,* ele dedicou-se ao estudo do instinto. Verificando, portanto, que a Teoria Topográfica não era suficiente para demonstrar suas hipóteses a respeito dos instintos, Freud concebeu o psiquismo humano composto de três instâncias: Id, Ego e Superego.

---

[23] FRANCO, Divaldo Pereira. *O ser consciente.* Cap. 2.
[24] XAVIER, Francisco Cândido. *Ação e reação.* Cap. 15, p. 257.
[25] MIRANDA, Hermínio C. *A memória e o tempo.* p. 140.

O Id, para ele, são os instintos e é uma herança genética. É algo caótico e desorganizado, sem nenhum pensamento lógico, e não faz julgamento de valores, porque desconhece o bem e o mal, é amoral, é inconsciente. É um monarca cego e surdo com poderes ilimitados. No recém-nascido, tudo é Id! Tudo é instinto. Dessa forma Freud reduz a Criação Divina a um amontoado de heranças biológicas e nada mais, não havendo nela nenhum ser inteligente para crescer e caminhar em direção ao seu Criador.

Antes de continuar, convém informar ao leitor que Freud era um materialista incorrigível, pois manteve contato com médiuns e presenciou fenômenos mediúnicos realizados por Carl Gustav Jung, mas não quis aceitá-los, com receio de que suas teorias, baseadas puramente na sexualidade, não fossem aceitas como uma ciência pelos seus contemporâneos.[26] Na teoria de Freud o Id comanda toda conduta humana, não havendo, portanto, decisão embasada na inteligência, no bom senso. O Id se manifesta, também, na forma de sintomas, tais como as neuroses, psicoses, fobias, ansiedades, depressões e demais transtornos mentais quando não satisfeitas suas exigências, tendo suas emoções reprimidas.

Os sonhos são uma forma de o Id realizar os seus desejos reprimidos pelo Ego, os quais se manifestam apresentando-se de maneira complexa, com simbologias para fugir da censura do Ego e do Superego, sendo por isso as lembranças do sonho, na maioria das vezes, indecifráveis. Se Freud tivesse levado em conta que o Espírito transporta consigo, no seu perispírito, o registro das experiências pretéritas, não hesitaria em afirmar que durante o sono a alma se desprende do corpo e revive fatos de outras existências ou, então, busca prazeres e alegrias no Mundo Espiritual (o que é mais comum, segundo as revelações dos Espíritos), os quais no mundo material não lhe é permitido usufruí-los.

O Ego é a parte do aparelho psíquico que está em contato com a realidade externa. É a personalidade, segundo o Espiritismo, com a qual nos apresentamos e parecemos ser para os outros. É coeren-

---

[26] ARGOLLO, Djalma. *Jung e a mediunidade.*

te, organizado e vai se formando aos poucos, a partir dos primeiros meses de vida, adquirindo maturidade a partir de sua relação com o meio externo. A função do Ego passa a ser a de administrar, controlar os impulsos do Id, de modo a lhe proporcionar as gratificações ou não, buscando soluções mais adequadas à realidade. A criança urina na fralda sem nenhum constrangimento, mas, à medida que o Ego assume a responsabilidade do ato, a criança busca o vaso para esvaziar a bexiga.

O Ego é você consciente, que está lendo este livro e, ao mesmo tempo, está se lembrando de algo a fazer e que o tempo está se esgotando... É o conjunto de suas percepções conscientes, o que você pensa e sente neste momento. Quando o Ego se concentra demasiadamente em si, dá origem ao *Ego(ísmo)*, impedindo as nobres manifestações do *Self*, do Eu-profundo, do Espírito imortal.

Será o Ego, o Espírito encarnado com personalidade eventual que irá manifestar suas tendências. Acompanhemos o médico de Nosso Lar:

> [...] Na infância, o "ego", em processo de materialização, externará reminiscências e opiniões, simpatias e desafetos, através de manifestações instintivas, a lhe entremostrarem o passado, do qual mal se lembrará no futuro próximo, de vez que estará movimentando a máquina cerebral em desenvolvimento, máquina essa que deverá servi-lo, tão só por algum tempo e para determinados fins, ocorrendo idêntica situação na idade provecta, quando as palavras como que se desprendem dos quadros da memória, traduzindo alterações do órgão do pensamento, modificado por desgaste.[27]

Agora vamos pegar as pepitas na bateia do Freud. Ele afirma que o Ego tem a tarefa de garantir a saúde, segurança e sanidade mental da personalidade, que sofre horrores, lutando para impedir que os impulsos instintuais, oriundos do Id, não se manifestem a

---

[27] XAVIER, Francisco Cândido. *Ação e reação*. Cap. 15, p. 256.

seu bel-prazer. Nesse passo não é difícil concordar com ele, pois nos leva à analogia da luta do Espírito reencarnado, usando os valores positivos conquistados na atual existência como armas para se libertar dos vícios cultivados em vidas pretéritas. A alma, ao reencarnar, necessita conquistar valores morais para ajudá-la a combater as más inclinações experienciadas em outras existências. É vital plantar na infância esses valores, quando o solo da alma é hospitaleiro.

Freud ensina que o homem tudo faz pelo prazer, chegando a admitir, inteligentemente, que o Ego se esforça pelo prazer de evitar o desprazer. Esta é mais uma pepita de ouro tirada da lama. Enquadra-se perfeitamente na luta que o Espírito imperfeito em evolução trava para não sofrer, não fracassar, renunciando a minutos de prazeres efêmeros na matéria, para ser feliz plenamente no mundo da verdadeira vida, a espiritual. É possível que você esteja se controlando, lutando intimamente para não fazer algo que lhe daria muito prazer, como *responder a altura* a alguém que lhe feriu os brios, mas se contém, pois sabe que se igualando a esse alguém se sentirá profundamente envergonhado, o que é um desprazer. Para ter o prazer de usar um vestido de número menor, a leitora terá o desprazer de renunciar a algumas guloseimas portadoras de muitas calorias. É a tarefa do Ego controlar os estímulos internos do Id e adaptá-los à realidade presente: você troca a compota pela maçã natural.

Um psiquiatra seguidor de Freud afirma que "O Superego é formado na infância pela internalização do sistema paterno de recompensas e punições, de modo que a criança passa a agir de acordo com estas regras na ausência dos pais [...]".[28]

A mentora Joanna de Ângelis enriquece mais o nosso entendimento sobre a função do Ego:

> O *Ego*, predominante em a natureza humana, utiliza-se de muitos mecanismos para ocultar os seus conflitos, expressando-se como diversos tipos de fuga da realidade, tais a projeção, a compensação, o deslocamento, a introjeção, a raciona-

---

[28] STRATTON, Peter/HAYES, Nicky. *Dicionário de psicologia.* p. 220.

lização, entre outros mais... Trata-se de uma exacerbação do *Superego*, para manter a sua identidade e permanecer soberano, impedindo as manifestações superiores do *Self*.[29]

Admitamos, tem o Superego a função de administrar não somente as vontades irracionais do Id mas também as investidas das *heranças e atavismo insculpidos no Self*. Como nos alerta Joanna de Ângelis, o Superego censura os instintos e as tendências. Vamos nos lembrar, então, das inibições que a criança possa ter no seu desenvolvimento, desencorajada para as iniciativas e tomadas de decisão, em razão da atuação dos pais que lhe dá origem a um Superego castrador. Os sintomas, nesses casos, são as fobias, a ansiedade, a angústia e as inibições.

---

[29] FRANCO, Divaldo Pereira. *O despertar do espírito*. Cap. Libertação do Ego, p. 130.

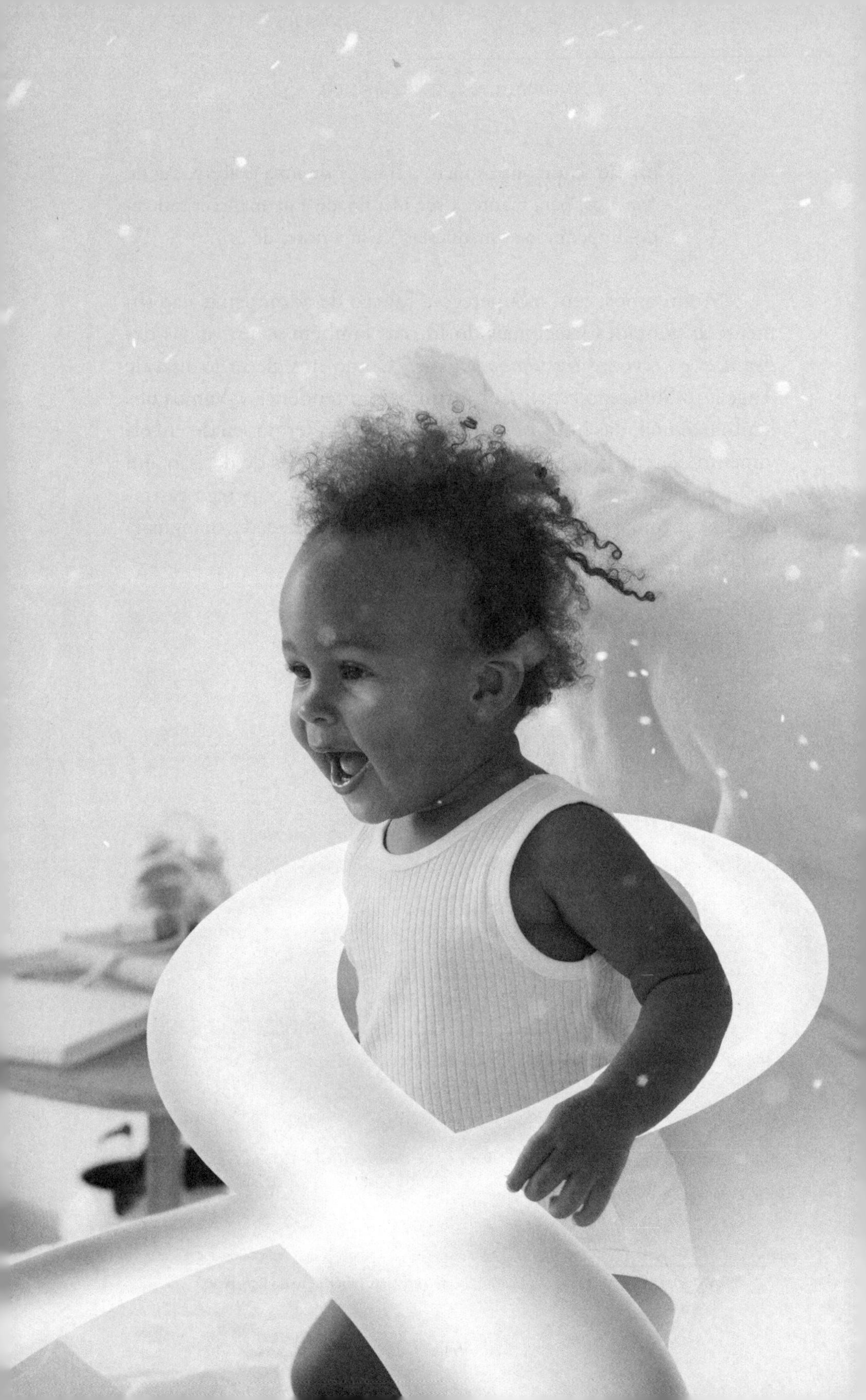

CAPÍTULO 6
ATENÇÃO! TENDÊNCIA NÃO É INSTINTO

Aqui nos esforçaremos para deixar bem claro ao leitor que *tendência* não é a mesma coisa que *instinto*, exaustivamente estudado no capítulo anterior.

Psicólogos e filósofos definem *tendência* como o impulso para a ação habitual e constante; algo que leva alguém a seguir determinado propósito ou agir de certa forma. É uma predisposição natural, inclinação, vocação. Não é *instinto*, pois não se origina de uma necessidade fisiológica. A tendência é força espiritual que adormece no Inconsciente Profundo de todos nós e que luta para despertar no Consciente Atual. São tendências as manifestações do *Espírito velho* que podem ser observadas nos primeiros anos de vida da criança.

Os anais do Espiritismo têm ensinamentos que nos permitem assegurar que as tendências são de origem espiritual. Allan Kardec analisa o caso de uma criança que tinha a compulsão de incendiar os objetos domésticos (RE, junho de 1866, p. 213). Em 23 de fevereiro daquele ano, o jornal francês *Salut Public*, de Lyon, deu a notícia com a seguinte manchete: *Monomania Incendiária Precoce*. Sintomas como esse, a psiquiatria diagnostica atualmente como Transtorno Obsessivo-Compulsivo – TOC. Obsessivo porque o pensamento de incendiar é persistente na mente do indivíduo; compulsivo porque ele é levado a materializar o seu pensamento. Noticiava o periódico que uma criança com apenas quatro anos, filho de honestos e pacíficos operários de uma fábrica de seda, tinha o instinto incendiário em último grau. "[...] Aos dezoito meses sentia prazer em acender fósforos; aos 2 anos punha fogo nos quatro cantos de um colchão e destruía em parte o modesto mobiliário de seus pais. [...]". No caso dessa criança, que deu vazão às suas tendências inferiores em tenra idade, não se pode falar de influência do meio nem de herança genética: os pais eram honestos e pacíficos trabalhadores. Somente a reencarnação explicaria o fato. Deu o senhor Allan Kardec a sua opinião, baseada na revelação de um Espírito Superior: "[...] Nasceu incendiário, como outros nasceram poetas e artistas, porque, sem a menor dúvida, foi incendiário em outra existência e lhe conservou o *instinto*". Chamo a atenção dos leitores que se faz necessário considerar o contexto em que viveu o Codificador, fazendo uso do termo *instinto* para dizer da manifestação da herança espiritual, ao qual estamos chamando de *tendência*.

Assim como essa, outras tendências se manifestam na criança e nem sempre os pais querem admitir, esposando a ideia de que se trata de infantilidade. Crianças que têm prazer em destruir brinquedos e outros objetos, maltratar animais domésticos, agredir colegas da creche e da escola, de forma sistemática; crianças que chutam objetos domésticos, que xingam e gritam violentamente, não respeitando os pais nem aqueles que são responsáveis por elas, merecem atenção especial, para se buscar as razões de tais procedimentos. Uma delas, a mais provável, será a eclosão dos hábitos adquiridos e alimentados em vidas pregressas. Outra, é a criança ter passado por um trauma ou ser portadora de algum transtorno de humor. A visão holística para as patologias, sejam físicas sejam espirituais, é sempre positiva. A consulta a um especialista poderá oferecer diretrizes para o tratamento correto. Nunca devemos esquecer, no entanto, que nada é por acaso e que as reações do Espírito encarnado a traumas ou afecções orgânicas são proporcionais ao seu grau evolutivo. Sabemos quanto é difícil para os pais estarem alertas para essas verdades.

Há sempre uma propensão para se acreditar que tudo faz parte da infância e que passando aquela fase a criança vai mudar.

Não se pode nem se deve negar a influência do meio e dos Espíritos perturbadores, objetivando conturbar a caminhada do Espírito na condição de criança, irritando os pais e os familiares, que passam a ser indiferentes ao seu comportamento, esperando a correção do tempo.

Lembra o Espírito André Luiz: "Se o Espírito reencarnado estima as *tendências inferiores*, desenvolvê-las-á, ao reencontrá-las dentro do novo quadro da experiência humana, perdendo um tempo precioso e menosprezando o sublime ensejo de elevação".[30] Mas, se o Espírito é fortalecido no bem e determinado na busca de sua libertação espiritual, não se deixará contagiar pelas ações negativas dos seus circunstantes.

Não é difícil observar na criança o instinto lúdico, ao transformar em brinquedo tudo o que se lhe apresenta, ou o instinto de preservação, ao levar à boca tudo o que pega, testando se é comestível. Aliás, é o que ocorre quando, ao sentir nos lábios o bico do seio da mãe, suga-o imediatamente. Tais comportamentos são naturais até certo tempo, depois cessa: o instinto cede lugar à razão. Não morre, mas se recolhe para surgir quando necessário. É na infância que o homem está mais sujeito à influência da força dos instintos. Mais tarde, a sua conduta de vida passa a ser controlada pelas forças ambientais, pela orientação que recebeu dos pais e dos educadores, e pela supremacia de seu caráter. Embora alguns impulsos instintivos continuem ao longo de nossas vidas, tal como os resultantes da libido, são eles perfeitamente controláveis de forma racional pelo Ego, adequando as satisfações à realidade externa, considerando tempo e espaço.

Os instintos, ao contrário das tendências, perdem força para a razão, na medida em que o Espírito vai sendo reeducado e controlando suas necessidades fisiológicas.

Acompanhemos o que nos ensina a venerável Joanna de Ângelis sobre a tendência:

---

[30] XAVIER, Francisco Cândido. *Missionários da luz.* p. 202.

> As *más inclinações* que induzem ao erro, ao crime, à crueldade, são as *heranças perversas que não o abandonaram*, jungindo-o ao primarismo que deve ser superado a esforço contínuo, qual a débil plântula fascinada pelo rio de Sol, ascendendo na sua direção, enquanto dele se nutre e submete-se-lhe ao tropismo.[31] (Grifo nosso.)

O ensinamento da mentora corrobora para considerarmos *tendência* como manifestação da alma, diferentemente de instinto, que é manifestação do corpo somático.

É legítimo deduzir, portanto, que as *tendências* ou as *inclinações* são manifestações de experiências de vidas anteriores que insistem em sobreviver; são demonstrações do que existe armazenado em nosso Inconsciente Profundo. As tendências, ou as *inclinações boas* ou *más*, representam apenas a ponta do *iceberg* que é a história moral do Espírito ainda na erraticidade.

O Espírito, no processo de sua reeducação, na condição de criança, absorve os exemplos dos pais, suas maneiras de falar, de proceder e de reagir diante das situações do cotidiano. Esses modos incrustam-se na mente infantil de modo contundente, influindo no seu comportamento. Os bons exemplos dos genitores, ajustados e harmônicos, são a viga mestra na formação do seu caráter que o ajudará a combater as investidas das suas tendências inferiores.

Certo é que existem exemplos de crianças que conseguem sobreviver ao ambiente hostil que a sociedade ou os pais lhes oferecem, pois encontram recursos nos valores morais conquistados em vidas pregressas. Esses são Espíritos com estruturas psicológicas bem formadas, que alcançaram certo grau evolutivo e conseguem dominar, mais facilmente, na atual vida, os implementos da matéria, neutralizando as solicitações negativas dos instintos e do meio, negando-se ao desajuste pela viciação dos sentidos.

Os pais, quando conhecedores do Espiritismo e dando exemplo de vivência dos seus postulados, favorecem a construção do Superego dos seus filhos, capacitando-os de força suficiente para a

---

[31] FRANCO, Divaldo Pereira. *Elucidações psicológicas à luz do espiritismo*. p. 171.

regência, não somente dos instintos, mas, acima de tudo, das tendências inferiores, sem conflitos que promovam o surgimento dos conflitos psíquicos, pois o Espiritismo, como ensina Denis:

> [...] não dogmatiza; não é uma seita nem uma ortodoxia. É uma filosofia viva, patente a todos os espíritos livres, e que progride por evolução. Não faz imposições de ordem alguma; propõe, e o que propõe apóia-se em fatos de experiência e provas morais; não exclui nenhuma das outras crenças, mas se eleva acima delas e abraça-as numa fórmula mais vasta, numa expressão mais elevada e extensa da verdade.[32]

A educação do seu filho à luz do Espiritismo formará nele um Superego tolerante, mas não conivente com as infrações do Ego, que saberá conter o Id nos seus impulsos, sem gerar neuroses resultantes das castrações dos prazeres naturais do homem, informando-lhe que, como nos ensinou Paulo de Tarso, tudo lhe é lícito fazer, mas nem tudo lhe convém.

Peço licença a você leitor ou leitora, para fechar este capítulo com este texto de *O evangelho segundo o espiritismo*, capítulo 5, item 4:

> Quantos pais são infelizes com seus filhos, porque não lhes combateram as más tendências desde o princípio! Por fraqueza ou indiferença deixaram que neles se desenvolvessem os germes do orgulho, do egoísmo e da tola vaidade, que produzem a secura do coração; depois, mais tarde, quando colhem o que semearam, admiram-se e se afligem com a sua falta de respeito e a sua ingratidão.

---

[32] DENIS, Léon. *O problema do ser, do destino e da dor*. Pt. 1, p. 51-52.

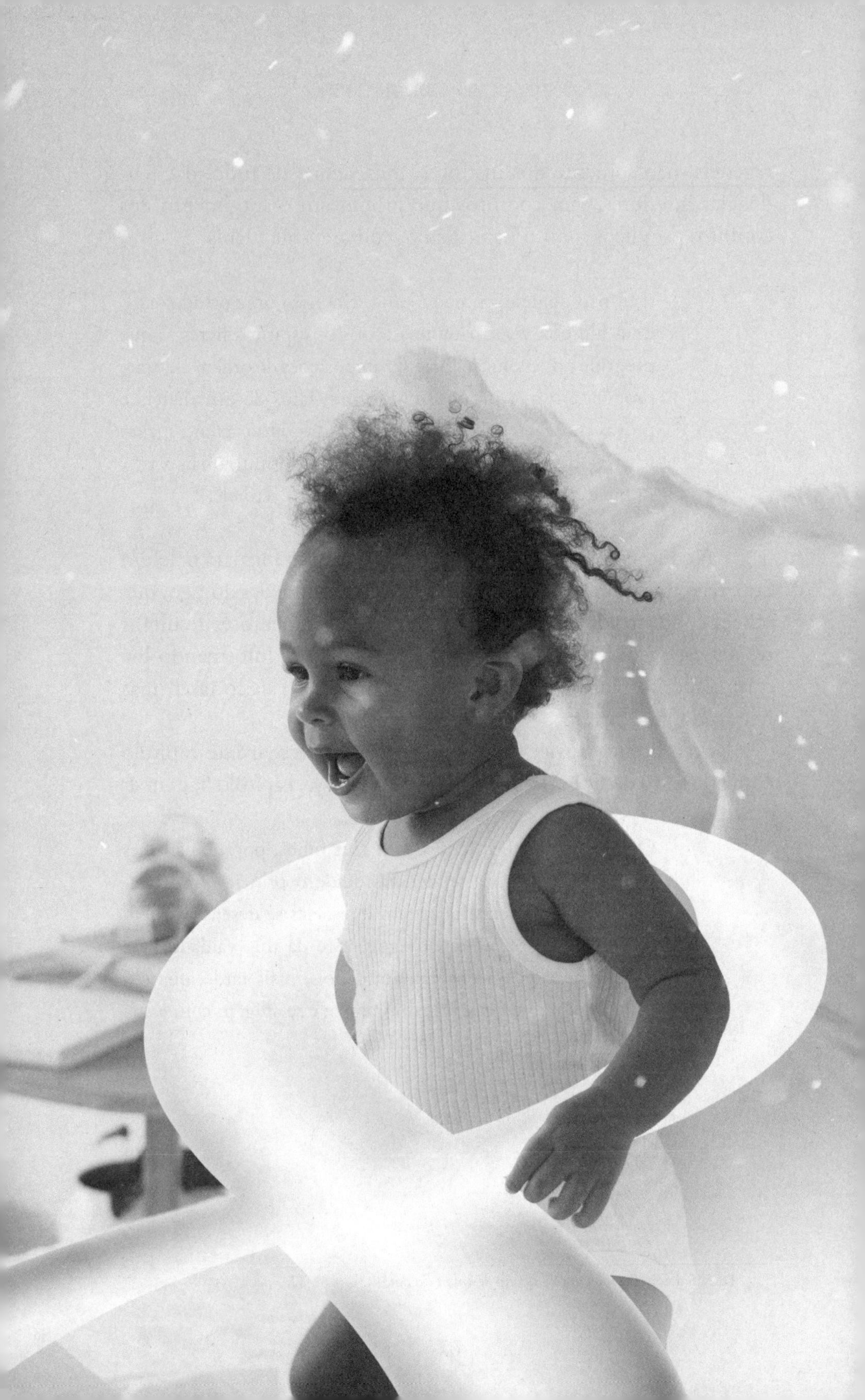

CAPÍTULO 7
CRIANÇA PRECOCE

Denomina-se de *criança precoce* aquela que apresenta habilidades e/ou quociente intelectual não compatíveis com a sua idade cronológica. Precoce é toda criança que amadurece moral ou intelectualmente antes do tempo normal, que muito cedo demonstra capacidade de realizar coisas que seriam próprias de crianças mais velhas ou mesmo de adultos. Comumente apresentam uma ou mais das características abaixo:

- Linguagem precoce, com vocabulário avançado para sua idade;
- Habilidade de leitura e escrita em tenra idade;
- Ritmo de aprendizagem rápido;
- Curiosidade e interesses diversos;
- Capacidade de concentração e boa memória;
- Habilidade em gerar ideias originais;
- Grande bagagem de informações sobre temas de interesse;
- Perfeccionismo na realização de tarefas, por isso prefere fazer trabalho independente;

- Senso de justiça exacerbado, questionando regras e autoridade;
- Paixão por aprender, demonstrando persistência em tudo o que faz;
- Lembranças de fatos que não se deram na vida atual;
- Sonhos bastante lógicos e incomuns para sua idade.

Por tudo isso, a precocidade ou a prodigalidade em criança levanta muitos questionamentos por parte dos pais, familiares e educadores. Geralmente apresenta problemas de ordem educativa e de relacionamento familiar porque os adultos não estão familiarizados com o fenômeno. Necessário é que os pais se ilustrem a respeito, de modo especial, para conduzir a educação do seu filho quando nessa condição.

Allan Kardec perguntou aos Espíritos: *Qual a origem das ideias inatas, das disposições precoces, das aptidões instintivas para uma arte ou uma ciência, abstração feita de toda instrução?* e recebeu a esclarecedora resposta:

> As ideias inatas não podem ter senão duas fontes: a criação de almas mais perfeitas umas que as outras, no caso de serem criadas ao mesmo tempo em que o corpo, ou um progresso anterior, realizado por elas antes da encarnação. Sendo a primeira hipótese incompatível com a Justiça de Deus, só resta a segunda. As ideias inatas são o resultado dos conhecimentos adquiridos nas existências anteriores e que se conservaram no estado de intuição, para servirem de base à aquisição de novas ideias. (QE, cap. 3, q. 118.)

Sendo assim, podemos inferir que os filhos podem ser mais avançados moral e intelectualmente do que seus próprios pais. E exemplos não faltam. Blaise Pascal (França, 1623-1662), com apenas dois anos, sem livros e sem professor, demonstrou as proposições geométricas de Euclides, o criador da geometria espacial; Antonio Stradivarius (Itália, 1643-1737), aos treze, construiu e deu de presente ao seu professor o mais tradicional violino que se conhece, o qual leva seu sobrenome; Wolfang Amadeus Mozart (Áustria, 1756-1791), aos dois anos, tocava piano, aos três, violino e, aos cinco, escreveu sua primeira ópera, extasiando o público e os críticos; John Stuart Mill (Inglaterra, 1806-1873), com três anos apenas, conhecia o alfabeto grego. E Castro Alves (Brasil, 1847-1871), aos doze anos, traduzia odes de Virgílio, com perfeição e beleza de métrica e de rima. Na época atual temos conhecimento de vários exemplos de crianças cantoras, pintoras, musicistas, escritoras etc., antes de completar os sete anos de idades!

Conta Léon Denis, na sua magistral obra *O problema do ser, do destino e da dor*, que no Congresso Internacional de Psicologia de Paris, em 1900, Charles Richet, da Academia de Medicina, apresentou em assembleia geral um menino espanhol de três anos e meio, chamado Pepito Arriola, que tocava de improviso, ao piano, árias variadas, muito ricas de sonoridade. Na ocasião, o autor do clássico *Tratado de metapsíquica* fez relatos extraordinários das virtudes musicais de Pepito, entre eles o de que com três anos de nascido tocou piano no Palácio Real de Madri diante do rei e da rainha-mãe, executando seis composições musicais de sua lavra![33]

Em abril de 2003, a revista *Veja*, edição 1.800, informou que um garoto norte-americano, Gregory Robert Smith, começou a falar com dois meses de nascido e quando completou um ano já resolvia problemas de álgebra! Com apenas dez anos, Gregory começou a sua graduação em Matemática pela Randolph-Macon College, em Washington. Na época da reportagem, o garoto precoce já estava planejando o doutorado em matemática, biomedicina e engenharia espacial!

Não consta que tais crianças tiveram pais que os superassem nas suas virtuosidades, sendo deles seus herdeiros genéticos.

A superioridade moral de filhos sobre os pais é fato que não chega à mídia, como ocorre no caso da precocidade intelectual ou de habilidades, já que estes se sentiriam inferiorizados ao divulgá-la. Ficam os genitores orgulhosos por terem filhos inteligentes, mas, raramente, admitem que eles lhes deem exemplos de vida, embasadas nas

---

[33] DENIS, Léon. *O problema do ser, do destino e da dor*. Pt. 2, cap. 16.

Leis Morais Divinas. Ensinam os Espíritos que as faculdades extraordinárias das crianças e sua elevação moral são conquistas do Espírito em outras existências e que aquelas estão inscritas no seu inconsciente profundo, ou seja, na memória espiritual, manifestando-se logo na infância. A prodigalidade intelectual de certas crianças, voltadas para as ciências e artes, não passa de lembranças do que já aprenderam em vidas pregressas. Mas não se deve concluir rigorosamente que as crianças, que somente aprendem à força de muito trabalho, foram ignorantes ou estúpidas em vidas precedentes. Há que se considerar, também, o programa de vida estabelecido para o Espírito reencarnante. Se o esquecimento do seu passado se faz necessário, levando-o a ter dificuldade de *aprender tudo novamente*, é possível que esteja exercitando a não se envaidecer com a inteligência. Julgar espiritualmente a criança a partir de como se apresenta nesta vida é muito temerário e anticaridoso. Ame-a, antes de tudo, para ajudá-la da forma como Jesus espera de todos nós.

A pluralidade das existências esclarece racionalmente a diversidade dos caracteres e a diferença das aptidões entre as crianças, muitas vezes sendo elas da mesma família. Fora dessa lei, indagar-se-á, inutilmente, por que certos homens são talentosos e detentores de sentimentos nobres, cultivando aspirações elevadas, enquanto outros buscam somente partilhar de ações vis, dando vazão às paixões grosseiras que lhes dominam. Sem dúvida que a influência do meio, a hereditariedade e a educação contribuem para a formação da personalidade e favorecem a volta aos vícios cultivados em vidas anteriores, mas não são suficientes para explicar esses fatos na sua plenitude. O passado influi, mas não determina o nosso modo de ser, pois se assim fosse não conseguiríamos jamais alterar um til na nossa individualidade. Se o seu filho apresenta capacidade intelectual e habilidades além do que se espera da maioria das crianças, não se envaideça e ensine-o diariamente a ser um homem de bem e a usar seus conhecimentos a serviço da Humanidade.

Que os pais não se envaideçam com a precocidade de seus filhos, pois suas virtudes são conquistas pessoais e não heranças genéticas. Antes, se preocupem em dar-lhes formação moral consonante com as Leis Divinas, para torná-los homens de bem e felizes.

CAPÍTULO 8
MEDIUNIDADE EM CRIANÇA

A infância é uma fase que favorece a manifestação de fenômenos mediúnicos. É que a ação do Espírito recém-reencarnado sobre sua indumentária física não é completa: o acoplamento celular do perispírito com o corpo somente vai se concluir por volta dos sete anos. Durante esse período, o anjo de guarda e os demais Espíritos interessados no sucesso do reencarnante vão estar mais amiúde em contato com ele, lembrando-lhe durante o sono e pela inspiração os compromissos assumidos e fortalecendo-o com palavras encorajadoras. Daí encontrarmos crianças conversando com seus *amiguinhos imaginários*, sorrindo durante o sono, evidenciando estar vendo alguém ou alguma coisa que lhes agradam, enquanto os adultos nada percebem. Muitas vezes, as reações são contrárias: a criança chora dormindo, se assusta *com nada*, desperta aos gritos ou mal-humorada. São, muitas vezes, seus adversários no Mundo Espiritual que, durante o desprendimento do Espírito pelo sono, estão a perturbar, a dificultar sua jornada, não obstante o amparo dos bons Espíritos, cuja atuação tem limites estabelecidos pelo uso do livre-arbítrio do Espírito reencarnado, mesmo na fase infantil.

Os pais que já compreendem esses fenômenos buscam, pela oração, o concurso dos benfeitores espirituais para fortalecerem o filho nos primeiros trechos da nova caminhada pela vida material. Reconhecem que têm a missão de reeducá-lo e devolvê-lo ao Criador em melhor condição espiritual. Quando não compreendem o que está se passando, deverão recorrer ao estudo das obras básicas do Espiritismo e à orientação segura de uma casa espírita que funcione embasada nos postulados cristãos e na Codificação Kardequiana.

Tais fenômenos podem ser denominados mediúnicos, mas não significa que a criança seja um médium. Diz Kardec que: *"Médium é toda pessoa que sente, num grau qualquer, a influência dos Espíritos"* (LM, cap. 14, it. 159 – grifo nosso). Portanto, todos somos, mais ou menos médiuns, no sentido geral. A criança poderá estar sendo influenciada fortemente por entidades invisíveis, mas não se tem certeza de que seja médium no sentido estrito da palavra. Para tornar mais claro o que queremos dizer, ouçamos as considerações que o Codificador faz a respeito:

> Os médiuns são os intérpretes encarregados de transmitir aos homens os ensinos dos Espíritos; ou melhor, *são os órgãos materiais pelos quais os Espíritos se expressam tornando-se inteligíveis aos homens.* Sua missão é santa, visto ter por objetivo abrir os horizontes da vida eterna. (EE, cap. 28, it. 9.)

Mais ainda:

> [...] Usualmente, porém, essa qualificação só se aplica àquele em quem a faculdade se mostra bem caracterizada e se traduz por efeitos patentes, de certa intensidade, o que depende de uma organização mais ou menos sensitiva. [...] (LM, cap. 14, it. 159.)

Ora, se for isso o que estiver acontecendo com sua criança, ela não é médium, no preciso significado do termo, por isso, não se deve buscar desenvolver nela o que ela não tem.

Mas, se o seu filho for realmente médium, aconselhamos o seguinte: os primeiros passos deverão ser dados pelos pais na busca de orientação segura de quem entende do assunto, lembrando-se de que não se deve cogitar o desenvolvimento da mediunidade na criança.

Conforme ensinaram os Espíritos ao Codificador, não é conveniente promover o desenvolvimento da mediunidade em crianças, sendo, até mesmo perigoso, podendo resultar em sérios prejuízos orgânicos e ficando elas sujeitas a fortes abalos psíquicos. É prudente, portanto, que os pais as afastem dessas experiências, devendo buscar orientações seguras a quem de confiança.

Há casos, no entanto, que merecem uma análise especial: ocorre quando na criança a faculdade mediúnica se manifesta espontaneamente, pois está na sua natureza e porque a sua constituição se presta a isso. O mesmo não acontece quando é provocada e superexcitada. (LM, it. 221, q. 6-7.)

Como vemos, pela imaturidade que os incapacitam de lidar com a mediunidade e pelo desconhecimento do assunto, as crianças e os jovens, na sua grande maioria, não saberão fazer uso disciplinado de tão sublime e valorosa faculdade de que são portadores.

Mas quando deverá a criança ser encaminhada ao estudo e à responsabilidade da sua faculdade, tendo desabrochado nela espontaneamente? Respondem os Espíritos ao Codificador:

> Não há idade precisa. Isso depende inteiramente do desenvolvimento físico e, mais ainda, do desenvolvimento moral. Há crianças de doze anos que serão menos afetadas pela faculdade mediúnica do que algumas pessoas já formadas. [...] (LM, it. 221, q. 8.)

A mediunidade eclode, muitas vezes, de maneira espontânea, em crianças que já vêm trazendo um *mandato mediúnico*. Os anais do Espiritismo têm exemplos de crianças e jovens cuja mediunidade desabrochou de forma espontânea, e somente o futuro disse o porquê de tão cedo se envolverem com tais fenômenos.

De relance, lembramos de Eusapia Palladino (Itália, 1854-1918), com sua extraordinária mediunidade de efeitos físicos já na adolescência, chamou a atenção de muitos estudiosos sérios, entre eles

Cesare Lombroso (Itália, 1835-1909) e Charles Richet (França, 1850-1935); de Carmine Mirabelli (1889-1951), nascido em Botucatu, São Paulo, era considerado o médium mais completo do mundo, pois possuía todas as faculdades que se possa imaginar: psicografou mensagens em 28 idiomas! e provocava materializações à luz do dia. Sua mediunidade aflorou na adolescência, trabalhando numa loja de calçados, e foi demitido porque os sapatos, graças àquela faculdade, desciam das prateleiras e caminhavam pelo balcão, assustando os fregueses.

Do mesmo modo, merece destaque dona Yvonne do Amaral Pereira (1906-1984), nascida no município de Valença, no Estado do Rio de Janeiro, é considerada uma das maiores médiuns do Brasil, não somente pelas suas obras psicografadas, mas, acima de tudo, pela sua vida exemplar. Psicografou valiosas obras, entre elas os clássicos *Recordações da mediunidade*, *Devassando o invisível* e *Memórias de um suicida*. Em *À luz do consolador*, conta que com um mês de idade quase foi enterrada viva devido a um ataque de catalepsia, fenômeno muito relacionado com a mediunidade que possuía e pouco conhecido da Ciência. Tal não aconteceu porque sua mãezinha não parou de rogar a Maria, mãe de Jesus, durante todo o tempo em que esteve fora do corpo. Narra, que aos cinco anos já via Espíritos e com eles falava. Quanto a desenvolver a mediunidade, diz:

> [...] Nunca desenvolvi a mediunidade, ela apresentou-se por si mesma, naturalmente, sem que eu me preocupasse em atraí-la, pois, em verdade, não há necessidade em se desenvolver a faculdade mediúnica, ela se apresentará sozinha, se realmente existir, e se formos dedicados às operosidades espíritas.[34]

Exemplo de mediunidade precoce, que a história jamais esquecerá, foi também a de Francisco Cândido Xavier (1910-2002), nascido em Pedro Leopoldo, Minas Gerais. Revelou-se médium aos quatro anos, no momento em que seus genitores conversavam a respeito de um aborto ocorrido com uma vizinha e usavam o episódio para criticá-la.

---

[34] PEREIRA, Yvonne A. *À luz do consolador.* p. 15.

De repente, a criança *Chico* interrompeu o diálogo com palavras totalmente inesperadas para sua idade e incompreensíveis para os pais: "O senhor — diz ele — está desinformado sobre o assunto. O que houve foi um problema de *nidação* inadequada do ovo, de modo que a criança adquiriu posição *ectópica*".[35] João Cândido, o pai, perguntou espantado o que era *nidação* e *ectópica,* e ele respondeu que não sabia também e que apenas repetira as palavras que lhe haviam sido ditas por uma voz. Aflorava ali, de modo espontâneo, passivo e belo, o *mandato mediúnico* de Chico Xavier.

O médium, orador e escritor Raul Teixeira relata que

> Desde muito criança, convivi com manifestações mediúnicas na minha casa. Minha mãe era médium [...]. Quando ela recebia as pessoas no quarto de oração, eu via outras que chegavam, que atravessam as paredes e desciam do telhado com tamanha naturalidade que pareciam reais. [...] eu tinha quatro anos de idade, as coisas continuaram a acontecer mais fortes, mais incisivas. Eu as via sempre, continuava percebendo, era capaz de enxergar esses seres que apareciam e isso, obviamente, me causava estranheza.[36]

Existem casos de afloramento da mediunidade em crianças, que vão merecer uma apreciação toda especial e, indiferente aos cuidados ou ações contrárias dos pais e familiares, a faculdade se imporá, desde que o reencarnado respeite o que prometeu a si e aos seus mentores antes de reencarnar. A família de Francisco Cândido Xavier e os amigos, por não compreenderem os fenômenos que com ele aconteciam, tudo fizeram para desviá-lo de sua missão, mas ele não se abateu e tornou-se o líder espiritual de mais de dois milhões de adeptos do Espiritismo, segundo o IBGE. Mas sabemos que esse número não retrata fielmente a verdade, já que milhares de brasileiros, mesmo adotando o Espiritismo na crença e na prática, declaram-se católicos por tradição.

---

[35] SOUTO MAIOR, Marcel. *As vidas de Chico Xavier.* 2. ed. 17. reimp. revista e ampliada. Editora Planeta. p. 22.

[36] SAID, César Braga. *Raul Teixeira* – Um homem no mundo. p. 21

Chico Xavier sublimou a mediunidade e com ela abriu veredas de luz na história espiritual do Brasil e da Humanidade.

Para finalizar este capítulo, outra consideração se faz necessária. Determinadas influenciações espirituais que tornam a criança eventualmente médium, não raro, são respostas ao clima psíquico-espiritual reinante no ambiente doméstico, conforme nos alerta o estudioso da mediunidade Roque Jacintho:

> [...] não olvidemos o quadro de perturbações momentâneas a que a criança está sujeita a sofrer em decorrência do clima espiritual desequilibrado de seu lar. Essas perturbações, muito frequentes, poderão ser confundidas com mediunidade espontânea, mas cessarão tão logo o lar se reequilibre, porque eram efeitos e não a causa da ocorrência.[37]

O psicólogo suíço Carl Gustav Jung também estudou a influência do clima mental dos pais sobre os filhos. O criador da psicologia analítica, com sua forte intuição, percebera que:

> [...] do mesmo modo que a criança, durante a fase embrionária, quase não passa de uma parte do corpo materno, do qual depende completamente, assim também de modo semelhante a psique da primeira infância, até certo ponto, é apenas parte da psique materna e, logo depois, também da psique paterna, em consequência da atuação comum dos pais. *Daí provém o fato de que as perturbações nervosas e psíquicas infantis, até muito além da idade escolar, por assim dizer, se devem exclusivamente a perturbações na esfera psíquica dos pais.*[38] (Grifo nosso.)

Jung, por meio de sua mediunidade intuitiva, oferecia à Ciência materialista, nessa declaração, uma verdade que o Espiritismo já conhecia.

---

[37] JACINTHO, Roque. *Desenvolvimento mediúnico*. p. 21.
[38] JUNG, Carl Gustav. *O desenvolvimento da personalidade*. p. 57.

CAPÍTULO 9
SEXUALIDADE INFANTIL

9.1 O SEXO DA SUA CRIANÇA

— É homem ou mulher?

Esta é a pergunta clássica que todos fazemos ao nos cientificarmos de que uma mulher está grávida ou deu à luz uma criança. Todos nos preocupamos com o sexo de quem está para nascer ou já nasceu, fazendo lindos planos para ele ou para ela. Imaginamos o tipo de roupa, a cor, a festinha do primeiro aniversário e os presentes. O quarto será carinhosamente adornado à espera do novo morador. Feliz daquele Espírito para quem tudo isso acontece, porque muitas vezes a gravidez é indesejada, os pensamentos dos pais são perturbadores, as vibrações emocionais se confundem, promovendo o medo, a angústia daquele que sonhava vir ao mundo num berço de amor...

Geneticamente, o sexo do bebê é determinado por um par de cromossomos: XX (mulher) ou XY (homem). Tanto o óvulo quanto o espermatozoide contêm, cada um deles, 23 cromossomos. O óvulo maduro sempre possui o cromossomo X, mas o espermatozoide pode ter tanto um X como um Y. Se, no momento da fecundação do óvulo, se a célula fecundadora carregar consigo o cromossomo X, será menina; se carregar o cromossomo Y, será menino. Mas tudo isso não acontece ao acaso: a definição do sexo do Espírito reencarnante, na grande maioria das vezes, será determinada pelos Espíritos Superiores que programaram aquela reencarnação.

Na corrida dos espermatozoides em busca do óvulo maduro – nas reencarnações assistidas pela Espiritualidade Superior –, aquele que possua as características genéticas que vão adequar a conformação sexual do corpo à psique do Espírito será impulsionado, pela força magnética imprimida pelos assistentes espirituais, adquirindo ele o sexo e os determinantes genéticos necessários à sua nova existência na matéria.

Quando tal assistência não se dá, o perispírito do reencarnante automaticamente atua obedecendo à Lei de Causa e Efeito:

> Assim, quando por ocasião da reencarnação o Espírito é encaminhado por necessidade evolutiva aos futuros genitores, no momento da fecundação o gameta masculino vitorioso esteve impulsionado pela energia do perispírito do reencarnante, que naquele espermatozoide encontrou os fatores genéticos de que necessitava para a programática a que se deve submeter.[39]

9.2 A SEDE REAL DO SEXO

Ser homem ou mulher aqui na Terra tem tudo a ver com a finalidade do Espírito que volta ao mundo material. Lá, na outra dimensão da vida, mesmo vivenciando o psiquismo masculino, talvez ele resolva reencarnar em corpo feminino e vice-versa. Mas o leitor ou a leitora, a essa altura, talvez pergunte: – o Espírito tem sexo?

O professor Allan Kardec em *O livro dos espíritos*, na questão 200, fez a mesma pergunta e obteve dos Espíritos a seguinte res-

---

[39] FRANCO, Divaldo Pereira. *Temas da vida e da morte.* Cap. Pensamento e perispírito, p. 35-36.

posta: "Não como o entendeis, porque os sexos dependem do organismo. Há entre eles amor e simpatia, mas baseado na afinidade de sentimentos". Chamo a atenção dos leitores para a expressão *como o entendeis*, pois a concepção de sexo no mundo das causas não está relacionada aos órgãos genitais, cuja função primordial é a preservação da espécie entre nós humanos, podendo ser usados para a troca de energias entre aqueles que se amam. A energia sexual encontra-se na base de todos os processos de evolução e, dada a nossa pequenez diante da Criação Divina, sentimos dificuldade de conceber a sua grandeza e de reconhecer o seu verdadeiro significado e importância para nossa evolução espiritual.

Mesmo não admitindo a reencarnação e a existência de uma mente imortal, que carrega consigo a memória e os sentimentos de vidas anteriores, Freud tinha certa dose de razão quando postulou que as forças instintivas sexuais já estão em atividade na criança desde o seu nascimento. Afirmou que a energia sexual determina o comportamento da criança, que passa a exigir gratificações difusas em seu organismo. Essas assertivas de Freud estarreceram a geração de cientistas contemporâneos, sendo ele alvo de acerbas críticas. A elas, Freud respondeu dizendo que as críticas eram a comprovação da necessidade de cada pessoa esquecer e negar os desejos e conflitos sexuais de sua própria infância, por hipocrisia ou nojo de si mesma. É, provavelmente, o que acontece conosco quando, inconscientemente, não queremos ver sexualidade nas nossas crianças, porque essa constatação as tornaria impuras, deixando também de ser inocentes, virtudes que tanto admiramos nelas e que já perdemos.

Na concepção freudiana, *erotismo* não está relacionado apenas ao funcionamento do aparelho genital, pois em psicanálise prazer é o mesmo que erotismo. Toda ação física ou mental que dá prazer é erótica, segundo Freud. Ações ativas ou passivas que promovem excitações eróticas estão presentes no homem desde a infância. As crianças sentem prazer sexual, sem que tenham noção do que realmente se passa com seu organismo, diferentemente do adulto. O sexo, como energia criadora, é latente na alma, sendo os órgãos genitais masculinos e femininos apenas o seu aparelhamento de exteriorização, assim como os olhos o são para a vista, o cérebro para o pensamento, a pele para o tato.

Os Espíritos ensinam que a sede real do sexo não se acha no veículo físico, e sim na estrutura complexa do Espírito, entendendo que essa *estrutura complexa* é o perispírito, ou seja, o corpo do Espírito na erraticidade; e que o Espírito é assexuado (LE, q. 202). Logo, na Terra, a forma masculina ou feminina, que venha o reencarnante adotar, estará ela a serviço da procriação ou de algum propósito específico para o reencarnado, pois nem todos os Espíritos renascem com o propósito de constituírem uma família. Os grandes missionários e outros cooperadores anônimos da Seara do Cristo são a comprovação desse fato.

9.3 EROTISMO INFANTIL

A sexualidade infantil é muito diferente da sexualidade adulta, pois não contém os mesmos componentes e interesses. Se bem observarmos, o bebê já demonstra erotismo (prazer) com o contato físico, quando é segurado, beijado, acariciado. Estudos revelam que não é somente a sensação de segurança e de que é amado que lhe proporciona prazer, mas também a excitação que o toque em seu corpo provoca, já que a energia sexual está difusa em todo ele. Olhos, pele, boca, olfato, órgãos genitais e outras áreas erógenas integram um complexo nervoso, que tem conexões com o centro sexual do cérebro, responsável pela reação involuntária da excitação. Ainda antes dos dois anos, surge a autoexploração: a criança brinca e tem prazer com o próprio corpo. Com o desenvolvimento, vem o interesse em brincar de fazer cócegas, tocar os próprios genitais e os dos outros. Esses jogos ocorrem entre irmãos, primos e amiguinhos. Buscam brincadeiras que lhes dão oportunidade de se tocarem e se conhecerem melhor fisicamente, descobrindo as diferenças: é o processo de individuação. Tudo isso atende à força da energia sexual que o Espírito comporta, desde suas primitivas experiências.

Reflitamos nas palavras do mentor de Chico Xavier:

> [...] Toda criatura consciente traz consigo, devidamente estratificada, *a herança incomensurável das experiências sexuais, vividas nos reinos inferiores da Natureza.* [...]

> [...] À vista do exposto, é fácil reconhecer que *toda criatura humana, sempre nascida ou renascida sob o patrocínio do sexo, carreia consigo determinada carga de impulsos eróticos*, que a própria criatura aprende, gradativamente, a orientar para o bem e a valorizar para a vida. *Diante do sexo, não nos achamos, de nenhum modo, à frente de um despenhadeiro para as trevas,* mas perante a fonte viva das energias em que a Sabedoria do Universo situou o laboratório das formas físicas e a usina dos estímulos espirituais mais intensos para a execução das tarefas que esposamos, em regime de colaboração mútua, visando ao rendimento do progresso e do aperfeiçoamento entre os homens. [40] (Grifo nosso.)

Diante do que aprendemos com os Espíritos, a ideia de que a criança é pura e isenta de sexualidade deve ser revista pelos que ainda pensam assim. Procuremos observar sem medo e sem preconceitos determinados comportamentos da criança com relação ao seu corpo. Jung, com sua genial intuição, referindo-se à sexualidade infantil, admitiu que "[...] seria extremamente inverossímil dar-se o fato de um instinto, tão importante na psicologia humana, não começar a manifestar-se na alma infantil, ainda que de forma rudimentar [...]".[41] Mas ele alerta aos observadores para tomarem cuidado com os exageros freudianos, pois "o fato de a criança já se ocupar com questões que para o adulto tem indubitável tonalidade sexual nem de longe quer significar que a maneira pela qual a criança se ocupa disso também deva ser considerada sexual".[42] Portanto, ao percebermos atenção exacerbada da criança com as partes erógenas do seu corpo

---

[40] XAVIER, Francisco Cândido. *Vida e sexo*. cap. 24.
[41] JUNG, Carl Gustav. *O desenvolvimento da personalidade.* p. 6.
[42] Idem, ibidem. p. 10.

ou dos seus amiguinhos, fiquemos atentos, mas cuidemos para não sermos levados pela nossa "malícia" de adulto, vendo ali manifestações eróticas patológicas: talvez não passe de simples curiosidade, de experiências necessárias ao sadio desenvolvimento psicológico da criança, para sua individuação, como já lembramos. Analisar com ideias preconcebidas os comportamentos infantis não é nada científico. A repetência do fato e o seu progresso deverão, sim, nos alertar para possíveis tendências ao interesse intempestivo do sexo.

9.4 POSSÍVEIS CONFLITOS SEXUAIS

Agora que já caminhamos um pouco e nos entendemos (é o que espero) sobre a existência da sexualidade na criança, aprendendo que o Espírito, ao reencarnar, traz *devidamente estratificada a herança de si mesmo das experiências sexuais, vividas nos reinos inferiores da vida*, nos animamos, então, a falar das possíveis distonias no campo sexual da criança. Lembremos que o Espírito, quando na erraticidade, transita em determinado gênero sexual e, tendo que reencarnar em gênero contrário ao que vivenciava, desenvolverá esforço no sentido de adaptar-se psiquicamente para que a mudança não cause transtorno. Se a adaptação falha por qualquer motivo, emergem os conflitos sexuais, dando origem às variedades de gêneros atualmente identificadas no meio social.

Na literatura espírita encontramos duas situações em que a homossexualidade pode se manifestar:

1) Espírito com mente acentuadamente feminina ou masculina reencarna em processo de prova ou expiação, em corpo de sexo inverso ao de sua psique e, por não se adaptar plenamente à sua nova condição humana, poderá buscar emoções sexuais com parceiros do mesmo sexo;

2) Espírito com mente acentuadamente feminina ou masculina, porém avançado na escala evolutiva, reencarna em corpo de sexo oposto ao de sua estrutura psicológica, para realização de tarefas nobilitantes no campo do desenvolvimento intelectual, moral

e espiritual da Humanidade, tendo condições para disciplinar seus desejos e emoções sexuais.

> Quando o corpo se encontra definido numa ou noutra forma e o arcabouço psicológico não corresponde à realidade física, temos o transexualismo, que, empurrado pelos impulsos incontrolados do eu espiritual perturbado em si mesmo ou pelos fatores externos, pode marchar para a homossexualidade, caindo em desvios patológicos, excessivos e dolorosos.[43]

Diante dessa possível fragilidade que poderá viver um reencarnante, se faz necessário observarmos com amor e bom senso as nossas crianças, cuidando para não as iniciar, já na infância, em jogos, festas e atividades erotizantes, favorecendo suas tendências para este ou aquele campo da sexualidade ainda insegura.

Não trataremos aqui da homossexualidade propriamente dita, quando os indivíduos se completam sexualmente com parceiro de mesmo sexo. Nosso intuito é tratar das tendências ou conflitos sexuais nas crianças, preferindo não adotar qualquer terminologia. Na infância a criança poderá apresentar o conflito sexual, mas não a desarmonia na prática, por ser intempestiva. Ao longo da vida poderá manter-se sem desregramentos de conduta amorosa, se devidamente orientada nos preceitos morais elevados e nos postulados doutrinários e evangélicos.

As ciências psicológicas efetuaram pesquisas detalhadas e aprofundadas na personalidade com inversão na manifestação sexual. Analisaram sua infância, educação, tendências, aptidões, comportamento, ambiente social e a influência dos pais, visando a chegar às causas da homossexualidade, a fim de reeducá-la. Sendo orientadas unicamente por princípios materialistas, as pesquisas concluem que as causas do problema se encontram apenas na presente existência. Admitem que a homossexualidade tem origem na educação errônea dos pais, na instrução negativa das escolas, nos ambientes perniciosos à moral e também em algum desequilíbrio da genética. Apesar

---

[43] FRANCO, Divaldo Pereira. *Loucura e obsessão*. Cap. 6, p. 69.

de todos esses esforços, não conseguiram chegar às causas reais, mas somente aos desencadeadores imediatos.

Sigmund Freud, a partir de suas observações, chegou a conclusões de valores descritivos, mas não científicos. Via o fato como consequência de uma falha no desenvolvimento psicossexual na primeira infância, com ênfase na fase edipiana (a fase em que o filho se apaixona pela mãe e passa a ter ciúmes do pai). Essa e outras teorias perdem força quando não levam em consideração a dinâmica da reencarnação e a Lei de Causa e Feito.

A ciência materialista não quer aceitar que "[...] a alma guarda a sua individualidade sexual intrínseca, a definir-se na feminilidade ou na masculinidade, conforme os característicos acentuadamente passivos ou claramente ativos que lhe sejam próprios".[44] Isso significa que a homossexualidade não tem nada de imoral e não deve ser discriminada, já que se trata de fenômeno natural da vida, em que o Espírito eterno envergará o corpo que melhor lhe aprouver, segundo seus interesses evolutivos. Conforme foi dito, muitos Espíritos cultos e sensíveis, com a mente acentuadamente feminina ou masculina, reencarnam em corpos diferentes de sua estrutura psicológica para a execução de tarefas especializadas e meritórias no campo do desenvolvimento intelectual, moral e espiritual da Humanidade. No entanto, deles ou delas ninguém se envergonha, pelo contrário, citam-nos com respeito.

Constatado o fato, os pais não deverão se deixar vencer pelos preconceitos da sociedade materialista, cuja maioria é heterossexual, colocando-se na condição de vítimas do *destino* ou assumindo que o filho seja doente. Muitas pesquisas têm sido feitas na ânsia de se encontrar uma resposta biológica para o homossexualismo, mas todas elas têm origem no preconceito, que busca erradicar o que consideram um *mal*, mas que não deverá ser assim entendido.

Diante dos conhecimentos adquiridos sobre a sexualidade infantil e ignorando quais os problemas que porta a criança no campo do sexo, problemas esses originados em vidas pregressas, devem os

---

[44] XAVIER, Francisco Cândido/VIEIRA, Waldo. *Evolução em dois mundos*. p. 141.

pais evitar a erotização intempestiva de seus filhos. É comum adultos acharem *engraçadinho* que crianças de dois ou três anos se beijem na boca; perguntarem a elas *quem é seu namoradinho*; vestirem as meninas de cinco a sete anos com microssaias ou *shorts* colantes, favorecendo o realce de seus corpos; incentivarem-nas a imitar tal ou qual estrela da TV, com danças eróticas; fazerem nelas maquiagens exóticas, como se fossem mulheres formadas. Os meninos, desde muito cedo, assistindo a exibições de cenas explícitas ou indutivas de sexo, passam a se referir a esta ou aquela atriz como sua preferida, por apresentarem dotes físicos mais sensuais. Esses procedimentos erotizam o afeto e a relação das crianças entre elas e até mesmo com os adultos. Promovem uma distorção em sua capacidade de sentir, pensar e de se relacionar, pois são estimuladas a dar um salto para a sexualidade genital, quando ainda não têm maturidade emocional e biológica para sua realização, sendo vítimas, muitas vezes, de ansiedade generalizada ou depressão. Os pais devem lembrar sempre que seus filhos são Espíritos em estágio de reeducação, competindo-lhes não lhes excitar as possíveis tendências perversas do sexo, mas sim plantar-lhes virtudes e moderação e respeito.

Ao observarem comportamentos sexuais destoantes na criança, os pais deverão acompanhar atentamente a constância, o grau e as circunstâncias em que se dão, para se certificarem se devem ou não tomar providências e quais as mais acertadas para o caso. É oportuno lembrar que as crianças costumam imitar e fantasiar com muita facilidade os exemplos dos adultos ou mesmo de seus colegas, exagerando e caricaturando as situações. Personagens de televisão e cinema, de muito fácil acesso às crianças de hoje, exercem influência no seu modo de vestir, de andar e de falar, devendo todos esses fatores serem levados em consideração antes de um julgamento leviano. Se, depois de acurada observação — desprovida do preconceito de que *tudo pode acontecer com o filho do vizinho, mas não com o seu* —, concluir que vai necessitar de ajuda, busque-a primeiramente em um centro espírita bem orientado do ponto de vista do conhecimento doutrinário, segundo as obras kardecistas. Ao buscar o apoio de psicólogos ou psiquiatras, prefira aqueles que veem o homem na composição trina: corpo, perispírito e espírito (ou alma), pois estarão mais aptos a construir uma perspectiva holística do problema, indicando uma solução não traumática para a criança e os pais. O esforço destes no aprofundamento da filosofia espírita e a evangelização da criança são caminhos a serem trilhados com a esperança de um desfecho feliz para todos, já que a inadaptação do Espírito em um corpo distinto de seu psiquismo sexual não é uma doença, mas consequência de uma experiência arrojada, quando ele muito carece da solidariedade, da orientação segura e do amor dos pais, familiares e educadores, para não se promiscuir e se sentir fracassado e infeliz. Consoladoras são as palavras do venerável Espírito Bezerra de Menezes: "É, no entanto, na forma transexual, quando o Espírito supera a aparência e aspira pelos supremos ideais, que surgem as grandes realizações da Humanidade, como sucede na heterossexualidade destituída de tormentos e anseios lúbricos, que lhe causam graves distonias".[45]

Com base no que foi dito até agora, enfatizamos que o sexo do seu filho ou filha já vem definido quando o óvulo é fecundado pelo espermatozoide. Ideologias que põem em dúvida a sexualidade dos que renascem, afirmando ela será escolhida pelo renascente, vêm somente confundir os pais quanto à sexualidade de seu filho ou filha.

Concluamos com a sabedoria de Emmanuel:

> [...] A vida espiritual pura e simples se rege por afinidades eletivas essenciais; no entanto, através de milênios e milênios, o Espírito passa por fileira imensa de reencarnações, ora em posição de feminilidade, ora em condições de masculinidade, o que sedimenta o fenômeno da bissexualidade, mais ou menos pronunciado, em quase todas as criaturas. O homem e a mulher serão, desse modo, de maneira respectiva, acentuadamente masculino ou acentuadamente feminina, sem especificação psicológica absoluta. [...][46]

---

[45] FRANCO, Divaldo Pereira. *Loucura e obsessão*. p. 70.
[46] XAVIER, Francisco Cândido. *Vida e sexo*. Cap. 21, p. 84.

CAPÍTULO 10
RELAÇÕES AFETIVAS ENTRE PAIS E FILHOS

10.1 O AMOR MATERNO

Para a grande maioria de todos nós, mãe é o símbolo da compreensão e da bondade; é aquela que gera o ser que o chama de filho, parte de suas entranhas, mas que na vida pouco ou nada lhe pertence. Sobre a mulher-mãe Gibran Khalil Gibran acrescenta:

> [...] Vós sois os arcos dos quais vossos filhos são arremessados como flechas vivas.
> O Arqueiro mira o alvo na senda do infinito e vos estica com toda sua força para que suas flechas se projetem, rápidas para longe.
> Que vosso encurvamento na mão do Arqueiro seja vossa alegria: pois assim como Ele ama a flecha que voa, também ama o arco que permanece estável.[47]

Diante da certeza de que nenhum sentimento na Terra se iguala ao amor materno, perguntamos pasmos por que certas mães

---

[47] GIBRAN, Khalil Gibran. *O profeta*. p. 15.

abandonam seus recém-nascidos à sorte, jogando-os no lixo, nas calçadas ou na porta de alguma residência, quando não os matam. Da mesma forma ficamos pasmos ao ter conhecimento de mulheres que iniciam suas filhas na prostituição e os seus filhos na prática do furto!

Pergunta-se: – Essas mães não têm amor pelos seus filhos!? O amor de mãe não é inato como se afirma, então? A venerável Joanna de Ângelis responde a essa dúvida assegurando que: "O amor é conquista do Espírito maduro, psicologicamente equilibrado; usina de forças para manter os equipamentos emocionais em funcionamento harmônico. É uma forma de *negação de si mesmo* em autodoação planificadora".[48] Logo, o fato de uma mulher ser mãe não significa que esteja madura para a autodoação. Reforça a assertiva o Espírito André Luiz: "[...] Maternidade é sagrado serviço espiritual em que a *alma se demora séculos*, na maioria das vezes aperfeiçoando qualidades do sentimento".[49] (Grifo nosso.)

Para melhor compreendermos as afirmações acima sobre o amor de mãe, tão decantado pelos filósofos e poetas, consideremos a opinião de Badinter, estudiosa francesa que realizou respeitável pesquisa sobre o assunto. Em seu estudo, ela considera que o amor materno não é um sentimento inato; que ele não é intrínseco à natureza feminina; que é um sentimento que se desenvolveu ao sabor das variações socioeconômicas ao longo do tempo, sofrendo influência dos costumes da época e das circunstâncias materiais em que a mulher vive. Desse modo, "[...] a autora constata a extrema variabilidade desse amor, segundo a cultura, as ambições ou as frustrações da mãe", concluindo "que o amor materno é apenas um sentimento humano como outro qualquer e, como tal, incerto, frágil e imperfeito". As notícias a que nos referimos no início do capítulo, sobre o desamor de muitas mães pelos seus filhos, corroboram com a afirmativa da pesquisadora.

Conforme já mostramos na introdução deste trabalho, da antiga Roma consta que no seu primeiro milênio o enjeitamento de

---

[48] FRANCO, Divaldo Pereira. *Elucidações psicológicas à luz do espiritismo*. Org. Geraldo Campetti Sobrinho. p. 25-39.
[49] XAVIER, Francisco Cândido. *Entre a Terra e o Céu*. Cap. 28, p. 198.

crianças e sua venda eram práticas comuns. Mercadores de escravos recolhiam os enjeitados nos santuários, nos monturos públicos e lares miseráveis, onde mães desesperadas vendiam seus recém-nascidos aos traficantes. Badinter afirma que o amor materno sofre a influência das condições culturais e materiais, verificando a defectibilidade do amor materno no desinteresse em amamentar os seus filhos, durante a Idade Média e a Idade Moderna. Constata, estarrecida, que as mães se desligavam dos filhos assim que eles nasciam, entregando-os às amas-de-leite para alimentá-los e criá-los, ficando separadas deles por dois ou três anos! Pergunta ela: "[...] Como explicar que uma mulher que já perdera dois ou três filhos colocados em casa de amas continuasse a enviar os outros filhos para o mesmo lugar? [...]".[50] Ora, somente a ausência do amor materno pode explicar tal procedimento, ficando claro que aquele sentimento não é absolutamente inato.

O Codificador perguntou aos Espíritos "[...] por que há mães que odeiam os filhos, e isto, muitas vezes, desde o nascimento deles?" A resposta é longa, mas vale à pena ser invocada aqui:

> Algumas vezes é uma prova escolhida pelo Espírito do filho, ou uma expiação, se ele mesmo foi mau pai, ou mãe perversa, ou mau filho, em outra existência. Em todos os casos, a mãe má não pode ser animada senão por um Espírito mau, que procura criar embaraços ao filho, a fim de que sucumba na prova que buscou. Mas essa violação das Leis da Natureza não ficará impune e o Espírito do filho será recompensado pelos obstáculos que haja superado. (LE, q. 891.)

Esta resposta nos leva a uma inferência bastante significativa e a admitirmos que o amor de mãe não é sempre inato e que deve, às vezes, ser *conquistado*. Aquele Espírito que odeia o outro, que vai recebê-lo como filho ou filha na próxima reencarnação, poderá

---

[50] BADINTER, Elisabeth. *Um amor conquistado*: O mito do amor materno. p. 13.

amá-lo(a) se renunciar ao ódio, pois ninguém reencarna para cultivá-lo e sim para aprender a amar.

Admitindo, por força das evidências, que o amor de mãe não é inato e que deverá ser conquistado ao longo da convivência com o filho (que o digam as mães adotivas), somos forçados a concluir que a mulher, ao se transmudar em mãe, nem sempre está pronta para sua missão. As palavras do Espírito Blandina nos permitem concluir que ser mãe nem sempre significa ser amor:

> [...] Em verdade, *a maioria das mães é constituída por sublime falange de almas nas mais belas experiências de amor e sacrifício*, carinho e renúncia, dispostas a sofrer e a morrer pelo bem-estar dos rebentos que a Providência Divina lhes confiou às mãos ternas e devotadas, contudo, *há mulheres cujo coração ainda se encontra em plena sombra*. Mais fêmeas que mães, jazem obcecadas pela ideia do prazer e da posse e, despreocupando-se dos filhinhos, lhes favorecem a morte. *O infanticídio inconsciente e indireto é largamente praticado no mundo*. [...][51] (Grifo nosso.)

10.2 O AMOR FILIAL

Observa-se que toda criança passa por uma fase em que se bandeia mais para o genitor do sexo oposto, manifestando-se mais carinhosa com um do que com o outro, apresentando-se ciumenta e exigindo mais atenção. É comum ouvir a menina dizer que vai se casar com o pai; o menino, com a mãe. Este fenômeno do amor afetado da criança pelo genitor do sexo oposto se dá entre os três e sete anos, e foi batizado pelo criador da psicanálise, Sigmund Freud, de *Complexo de Édipo*. Pedimos licença ao leitor para uma digressão a respeito do termo, na intenção de tornar bastante claro

---

[51] XAVIER, Francisco Cândido. *Entre a Terra e o Céu*. Cap. 10, p. 68.

o seu conceito e ajudar os pais a compreenderem esse fenômeno que é desvendado pela reencarnação.

A mitologia grega relata que Laio, rei de Tebas, e Jocasta, sua esposa, ao terem um filho, consultaram o oráculo de Apolo, o qual lhes disse que o menino nascera *fadado a matar o pai e se casar com a mãe*. Para evitar a tragédia, Laio entregou o recém-nascido a um criado, para que o abandonasse à morte no monte Citéron. O criado desobedeceu a ordem e deu o menino a um pastor de ovelhas, que o levou ao rei e à rainha de Corinto. Não tendo descendentes, os soberanos adotam o enjeitado como filho e lhes dão o nome de Édipo.

Adulto, Édipo soube que era filho adotivo. Vai até Delfos e consulta o oráculo, que lhe confirma a adoção e lhe repete a sina de que matará o pai e desposará a mãe. Desesperado, Édipo viaja para Tebas. No caminho, cruza com Laio, rei da cidade, se desentendem, brigam e Édipo o mata. Chegando a Tebas, o regente da cidade dá-lhe por esposa a viúva, Jocasta, com quem ele tem dois filhos e duas filhas.

Os anos passam... Certo dia Édipo é informado de que Laio, o homem que ele matou, era o seu pai!... Ao saberem da verdade, Jocasta se enforca e Édipo vaza os próprios olhos e sai pelo mundo afora, exilando-se em Colono com Antígona, sua filha mais velha.

Sigmund Freud associou o fato de Édipo ter matado o pai (sentimento de ódio) e de ter casado com sua mãe (amor, desejo, erotismo) ao sentimento desenvolvido pelos filhos em relação aos seus pais de sexo oposto durante a infância e, por analogia, deu-lhe o nome de *Complexo de Édipo*.

O médico austríaco estabeleceu que a teoria do Complexo de Édipo seria aplicável tanto à criança do sexo masculino quanto à do feminino. No entanto, Carl Gustav Jung, discípulo não alinhado a Freud, propôs o conceito de *Complexo de Electra* para o amor exacerbado da filha pelo pai, tomando como referência o mito da filha do rei de Micenas. Este era casado com Clitemnestra, que tinha um amante chamado Egisto. Os dois planejavam matar o rei, mas Electra, sua filha, descobriu o plano nefando e incitou o seu irmão Orestes a matar os amantes, *tendo ajudado a enfiar o punhal em sua mãe*.

Ao desenvolver a teoria do Complexo de Édipo, Freud se baseou nos próprios sentimentos para com seus pais, no relacionamento das crianças para com seus genitores e nas análises de adultos neuróticos. Confessou, aos 41 anos, em carta dirigida ao seu amigo Wilhelm Fliess, o seu complexo de Édipo: "*Encontrei em mim, como em toda parte*, sentimentos amorosos em relação à minha mãe e de ciúme a respeito de meu pai, sentimentos estes que, *penso eu*, são comuns a todas as crianças pequenas [...]".[52] (Grifo nosso.)

Como já mencionamos antes, Freud teve oportunidade de fazer contato com as teorias espíritas, já bastantes divulgadas em sua época, mas foi um materialista teimoso, preferiu confundi-las com práticas de misticismo e não as aceitar como científicas. Se assim não fosse, encontraria na verdade da reencarnação bases para melhor desenvolver sua teoria sobre os sentimentos de amor e repulsão existentes entre pais e filhos, indo muito além.

O Espírito Joanna de Ângelis esclarece que, não somente sobre o Complexo de Édipo, mas, também, sobre o de Electra, que é o amor doentio da filha pela pelo pai:

> No complexo de Édipo, por exemplo, detectamos uma herança reencarnacionista, tendo em vista que a mãe e o filho apaixonados de hoje foram marido e mulher de antes, em cujo relacionamento naufragaram desastradamente [...]. No complexo de Eletra, deparamos uma vivência ancestral entre esposos ou amantes, e que as Soberanas Leis da Vida voltam a reunir em outra condição de afetividade, a fim de que sejam superados os vínculos anteriores de conduta sexual aflitiva.[53]

O Espírito André Luiz, em missão de socorro na Terra, tem oportunidade de aprender os significados reais dos complexos de Édipo e de Electra dentro de uma família desajustada

---

[52] ROUDINESCO, Elisabeth. *Dicionário de psicanálise*, verbete Édipo, complexo de.
[53] FRANCO, Divaldo Pereira. *Elucidações psicológicas à luz do espiritismo*. Org. Geraldo Campetti Sobrinho. p. 83.

pelo desequilíbrio moral.⁵⁴ Nela o médico de Nosso Lar registra as seguintes condições:

a – Ildeu não cultiva amor nem respeito pela esposa Marcela, dedicada ao lar e aos filhos Roberto, de nove anos, Márcia e Sônia. O esposo inconformado com a vida tem uma amante, com quem pretende viver, planejando assassinar a mãe dos seus filhos. Roberto, o primogênito, é muito apegado à mãe, detesta o pai e é por este odiado. Quando Ildeu está agredindo a esposa, Roberto sempre intervém a favor da mãe, dirigindo olhares de censura ao pai, que o ameaça de morte, não contendo o ciúme que sente pela afinidade entre o filho e a esposa.

b – Márcia e Sônia são as filhas queridas de Ildeu. Muitas vezes, depois de acordá-las com os impropérios dirigidos a Marcela, lamenta-se de tê-las assustado, devolvendo-as ao leito, falando-lhes carinhosamente e manifestando sua predileção e amor por elas. André Luiz estranha a repulsão de Ildeu ao filho e a deferência com que trata as filhas, bem como o amor expressivo de Roberto pela mãe.

c – Indaga André Luiz ao Instrutor Silas se não tinham ali, no caso de Roberto e Marcela, um quadro autêntico do *Complexo de Édipo*, proposto por Freud. Esclarece o abnegado Instrutor que, em vida anterior, Ildeu fora casado com Marcela, abandonando-a para viver com Márcia, que tinha uma irmã menor, Sônia, que acompanhou o casal de amantes. Tornando-se jovem, Sônia foi seduzida pelo cunhado. Ildeu, entrando em franca decadência moral, precipitou as duas jovens ao meretrício. Agora nasceram como suas filhas, na esperança de que o amor entre eles fosse sublimado.

---

⁵⁴ XAVIER, Francisco Cândido. *Ação e reação*. Caps. 14-15

d – Marcela, abandonada por Ildeu, após lutar cinco anos para viver dignamente, encontrou em Roberto o companheiro ideal que lhe deu segurança e felicidade. Ildeu, vencido pela doença e conservando ainda o seu mau caráter, procurou Marcela, que não o aceitou, pois era feliz e fiel a Roberto. Movido de passional ciúme, Ildeu assassinou Roberto. Este voltou, então, como vimos, na condição de filho daquele que interrompeu violentamente sua vida feliz ao lado de Marcela. Ildeu, nada fazendo para conquistar a amizade e confiança de sua vítima, aquece com seu procedimento o calor do ódio que assoma do inconsciente profundo de Roberto, repetindo-se o passado. Eis as causas do amor de Roberto pela mãe e de seu ódio pelo pai.

Como vimos, o relacionamento afetivo entre mãe e filho, em muitos casos, pode perfeitamente ser explicado pela reencarnação e Lei de Causa e Efeito, já que o Espírito, no papel de filho, poderá escolher ou ser a ele imposto uma mãe que o odeia, mesmo antes de reencarnarem.

Eis o Complexo de Édipo desvendado. Que os pais espíritas se alertem para esse fato e busquem não apenas o apoio das terapias psicológica ou psicanalítica, mas a do perdão e da oferta de amor. Educando seus filhos com base no Evangelho de Jesus e com ajuda dos instrumentos racionais que a Doutrina Espírita lhes oferece, compreenderão melhor, e, oportunamente, seus filhos e a si mesmos. Dessa forma, acreditamos que o *Complexo de Édipo* ou de *Electra*, bem trabalhado psicologicamente, conduzirá a criança a uma juventude e maturidade felizes, sem neuroses e sem receio de amar e ser amada.

10.3 O DESAMOR DOS FILHOS

Outro aspecto a ser levado em conta nas relações afetivas entre pais e filhos é a ingratidão destes por aqueles. Muitas vezes os filhos causam danos morais e materiais aos seus pais, não levando em conta o que deles receberam, tratando-os como se fossem verdadeiros inimigos.

Aqui, também o Espiritismo projeta luz no entendimento desse doloroso drama, que flagela os corações dos genitores, informando que não são os laços da consanguinidade que asseguram uma verdadeira e permanente união fraternal entre pais e filhos. A família, seja ela programada ou não no mundo das causas, vai se constituir aqui na Terra por Espíritos que se ligam uns aos outros por simpatia, ideais, amor e pelo ódio, infelizmente.

O reencontro de Espíritos com sentimentos adversos tem por finalidade o aprendizado do amor fraterno e o perdão das ofensas entre eles. Trazem mágoas, ressentimentos e ódio aflorados em existências anteriores. Espíritos que não conseguiram se harmonizar no Mundo Espiritual retornam ao corpo físico, com a bênção do esquecimento temporário, na esperança de que se apaguem as mágoas de seus corações pela interdependência que a família proporciona entre seus membros. Logo devemos concluir com a mentora Joanna de Ângelis:

> De nobre significação, a família não são apenas os que se amam, através dos vínculos da consanguinidade, mas, também, da tolerância e solidariedade que se devem doar os equilibrados e afáveis aos que constituem os elos fracos, perturbadores e em deperecimento no clã doméstico.[55]

Não obstante encontrarmos valiosos esclarecimentos para as difíceis relações de afetividade entre pais e filhos na dinâmica da pluralidade das vidas e da Lei de Causa e Efeito, não devemos, sob pena de cometer grave erro de reducionismo, condicioná-las somente a essas verdades. Não se pode deixar de considerar no relacionamento entre pais e filhos o despreparo daqueles, tornando complicado o

---

[55] FRANCO, Divaldo Pereira. *S.O.S. família*. Cap. Filhos ingratos, p. 107.

relacionamento familiar. Nessa linha de pensamento, temos o esclarecimento do Espírito Camilo:

> Sem dúvida, muitos pais, despreparados para o ministério que defrontam em relação à prole, cometem erros graves, que influem consideravelmente no comportamento dos filhos, que, a seu turno, logo podem se rebelar contra estes, crucificando-os nas traves ásperas da ingratidão, da rebeldia e da agressividade contínua, culminando, não raro, em cenas de pugilato e vergonha.[56]

O que se observa é que — com raríssimas exceções — não nascemos preparados para ser pais do ponto de vista de amar e educar os filhos na forma ideal, solicitada pelos estudiosos do assunto e pelos Espíritos Superiores. Diante disso, teremos que buscar ajuda nas ciências que tratam do relacionamento interpessoal, com enfoque na família. Não há dúvida que as informações da psicologia e metodologia da educação familiar favorecem profundamente o êxito desse empreendimento assumido pelos pais, que é o de conduzir os filhos na sua caminhada para Deus. O diálogo aberto e sincero, a solidariedade, a indulgência, a energia moral e o amor dilatado em todos os sentidos são instrumentos que os pais devem dotar para merecer o respeito e a confiança dos filhos. Imprescindível acompanhar o desenvolvimento biopsicossocial dos *garotos*, na tentativa de compreender-lhes o comportamento, levando em conta a idade, a capacidade intelectual, o estágio emocional e o contexto social em que estão inseridos.

Para lograr sucesso na conquista do amor dos filhos, é vital que os pais exercitem a auto-análise e a autocrítica, perguntando-se se estão *agindo* ou *reagindo* diante do comportamento inseguro dos seus filhos ainda na fase da infância e depois na adolescência. "Cabe aos genitores, sem dúvida, a árdua e sublime missão de bem conduzir a sua criança, pensando no adolescente que advirá [...]."[57]

---

[56] TEIXEIRA, J. Raul. *Desafios da educação*. p. 35.
[57] Idem, ibidem.

Convém invocar a capacidade indutora do lar em um Espírito extremamente frágil, tal qual o da criança, ainda sem condição plena de administrar as influências advindas dos pais e dos que lhe rodeiam, servindo-lhe de exemplo e guia de comportamento.

> O lar é o mais vigoroso centro de indução que conhecemos na Terra.
> À maneira de alguém que recebe esse ou aquele tipo de educação em estado de sonolência, o Espírito reencarnado, no período infantil, recolhe dos pais os mapas de inclinação e conduta que lhe nortearão a existência, em processo análogo ao da escola primária, pelo qual a criança é impelida a contemplar ou mentalizar certos quadros, para refleti-los no desenvolvimento natural da instrução.[58]

Compreendendo dessa forma, os pais deverão promover a desintegração dos quistos conflitantes existentes na família, com etiologia em vidas pregressas, sem dúvida, e evitarão que novos desajustes se iniciem na vida atual, pelas más influências exercidas sobre a criança. A família de cada um de nós é estruturada com base na Lei de Causa e Efeito, pais e filhos se reencontram porque necessitam uns dos outros, almejando a reconciliação. Vital é que a tolerância, a indulgência e o perdão se façam presentes nos momentos difíceis, para que o recomeço, bênção divina, se transforme em ventura espiritual.

---

[58] XAVIER, Francisco Cândido/ VIEIRA, Waldo. *Mecanismos da mediunidade.* Cap. 16, p. 113.

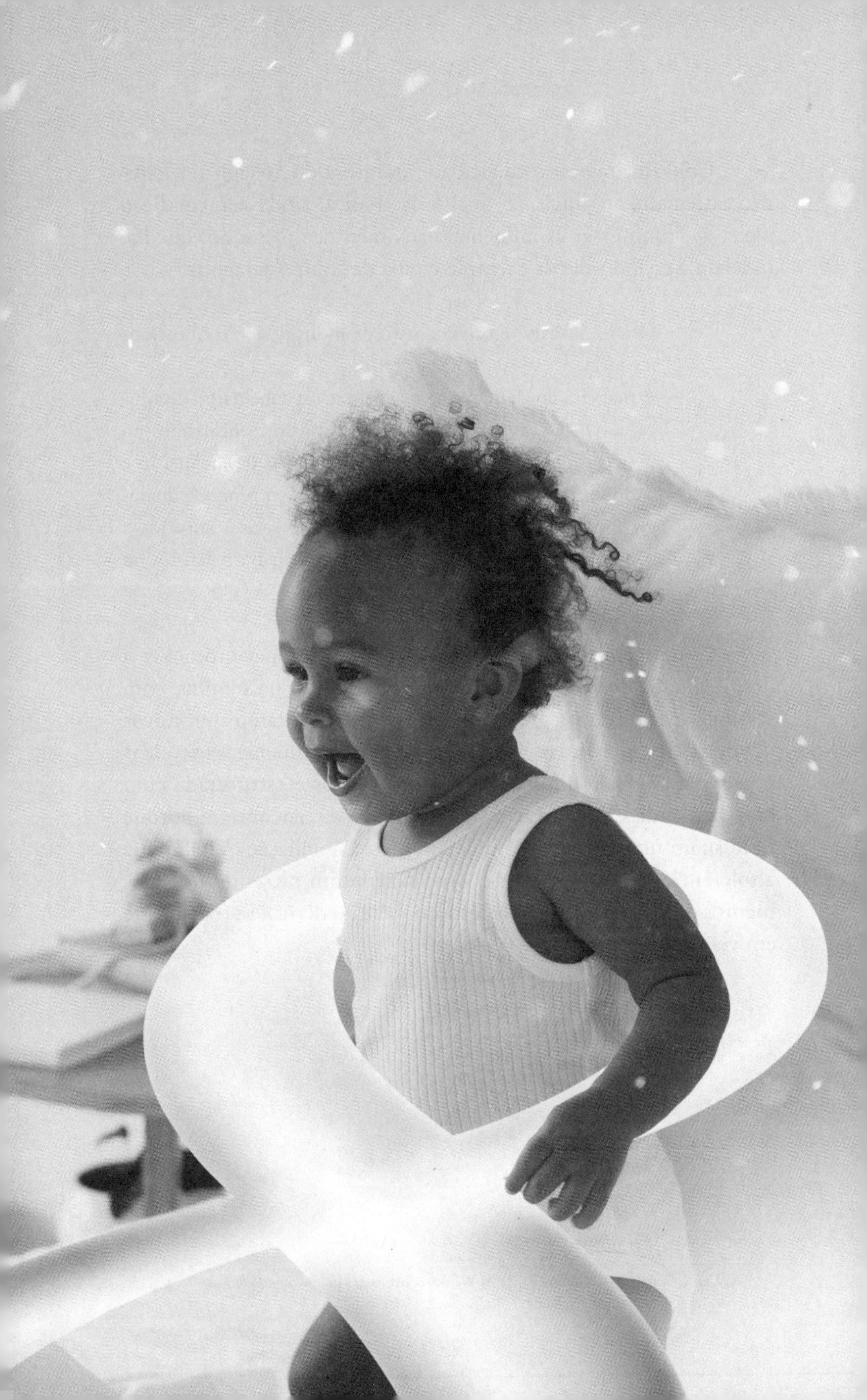

CAPÍTULO 11
OBSESSÃO

No capítulo 12 abordaremos um tema bastante delicado para os pais e familiares, que geralmente não admitem que uma criança seja vítima da obsessão espiritual, pelas razões que já abordamos no capítulo 2 (A Infância). Em virtude dessa dificuldade, oferecemos antes noções preliminares de como atuam os Espíritos sobre todos nós dando, muitas vezes, origem à obsessão, independentemente da nossa idade.

11.1 INFLUÊNCIA, UMA LEI NATURAL

Todos possuímos poder, energia para influenciar o outro e, também, receptividade suficiente para ser influenciado. A capacidade de influenciar se irradia pela palavra, pelos atos, pelo pensamento e pelos nossos predicados espirituais, morais e culturais. As energias emitidas por esses fulcros serão captadas por aqueles que pensam e sentem como nós.

Influência é, portanto, a ação de uma causa, de um fator ou agente sobre o ser humano. Mas sabemos, também, que a influência se dá entre todos os seres do Universo. Diz Emmanuel: "[...]

O campo magnético e as conjunções dos planetas influenciam no complexo celular do homem físico, em sua formação orgânica e em seu nascimento na Terra [...]".[59] É cientificamente comprovada a influência da Lua no fluxo das marés, na prática de agricultura, bem como nos fenômenos meteorológicos. A influência é uma Lei Divina a favorecer o nosso progresso na permuta de valores que escolhermos. Somos beneficiados ou prejudicados pelas influências que nos rodeiam, segundo os nossos interesses.

É notório que as pessoas de personalidade mais forte influenciam as de personalidade mais fraca. As crianças, por exemplo, são muito sensíveis às chamadas influências verticais, ou seja, aquelas oriundas dos pais, dos educadores e dos mais velhos que participam de suas vidas. Já o adolescente, por sua vez, tem propensão a resistir à influenciação vertical, tornando-se dócil à influência horizontal, ou seja, aquela que parte dos seus iguais: colegas e amigos. Passe a observar e irá concluir que a influenciação entre os humanos é fenômeno corriqueiro e fundamental na preservação da cultura, na divulgação dos pensamentos e no contágio dos sentimentos. Por ela, repassamos nosso conhecimento, nossas crenças e nossos hábitos aos nossos descendentes. Sem o recurso da influência, cada um de nós teria que recomeçar sozinho, repetindo a experiência de erro e acerto a cada renascimento. É importante ressaltar a forte e sabida influência dos exemplos na formação moral de todos nós.

11.2 INFLUÊNCIA ESPIRITUAL

Uma das grandes revelações do Espiritismo para a Sociologia é a de que nós, humanos, convivemos com os Espíritos, formando uma comunidade única em nosso planeta; que encarnados e desencarnados vivemos na mesma psicosfera, influenciando-nos mutuamente.

---

[59] XAVIER, Francisco Cândido. *O consolador*. q. 140.

> A ação do mundo invisível sobre o mundo visível e vice-versa é uma das leis, uma das forças da Natureza, tão necessária à harmonia universal, quanto a lei de atração. Se ela cessasse, a harmonia estaria perturbada, conforme sucede num maquinismo, de onde se suprime uma peça. Fundando-se esta ação numa Lei da Natureza, os fenômenos que ela opera nada têm sobrenaturais. Pareciam extraordinárias porque era desconhecida a causa que os produzia. O mesmo se deu com alguns efeitos da eletricidade, da luz etc. (OP, Manifestações dos Espíritos, it. 2, p. 62.)

Caro(a) leitor(a), não tenha dúvidas que enquanto você lê estas páginas estará recebendo mensagens mentais dos Espíritos para que *continue lendo* e aproveite os ensinamentos, mas, ao mesmo tempo, irradiações de *não continue* estarão perpassando em sua mente... A sintonia para recepcionar a influência vai depender de você.

O Espírito cognominado Dr. Barry fala-nos da influência e repercussão dos acontecimentos em nosso planeta na esfera em que ele vive:

> Uma coisa que vos parecerá estranha, mas não deixa de ser rigorosa verdade, é que o mundo dos Espíritos, que vos rodeia, sofre o contragolpe de todas as comoções que agitam o mundo dos encarnados; digo mais: ele aí toma parte ativa. Isto nada tem de surpreendente, para quem sabe que os Espíritos são unos com a Humanidade; que dela saem e a ela devem voltar; é, pois, natural que se interessem pelos movimentos que se operam entre os homens. [...] (GE, cap. 18, it. 9, p. 348.)

Como vemos, os Espíritos usam, deliberadamente, o seu poder de influência sobre nós, porque o nosso mundo é também o deles. Já em *O livro dos espíritos*, questão 459, Kardec havia indagado aos Espíritos se os desencarnados usam o pensamento para nos influenciar, e eles responderam: "Muito mais do que imaginais, pois frequentemente são eles que vos dirigem".

Dramatizemos um pouco para ficar bem claro o que pretendemos informar. Você abandona este livro e liga o rádio que está ao seu lado e sintoniza-o na estação que toca o tipo de música que mais gosta. De repente muda de ideia e quer ouvir um noticiário, então busca na escala de sintonia do rádio outra emissora. Música ou notícia? Deleitar-se ou informar-se? Vai depender do seu interesse. Com a nossa mente acontece de forma semelhante: se pensamos em coisas desagradáveis, nos sintonizamos com a mente de um desencarnado ou encarnado que se sinta infeliz. Mas é preciso estar atento, *vigiar*, pois, muitas vezes, sem razão aparente, optamos por ser pessimistas, infelizes. Poderemos estar sendo induzidos por algum Espírito infeliz, sofredor, pessimista. Se aceitarmos passivamente a sua influência, é porque resolvemos ser infelizes junto com ele. Somos susceptíveis, sim, de captar o pensamento dos Espíritos, mas a decisão de aceitar ou não depende unicamente de cada um de nós, já que temos o privilégio de fazer uso do livre-arbítrio. Assim como o leitor decide fechar o livro e controlar a sintonia do rádio ou da televisão, poderá, também, controlar a própria mente.

Allan Kardec esclarece o mecanismo da influenciação de desencarnado para encarnado, da seguinte maneira:

> Sendo os fluidos o veículo do pensamento, este atua sobre os fluidos como o som sobre o ar; eles nos trazem o pensamento, como o ar nos traz o som. Pode-se, pois, dizer, sem receio de errar, que há, nesses fluidos, ondas e raios de pensamentos, que se cruzam sem se confundirem, como há no ar ondas e vibrações sonoras. (GE, cap. 14, it. 15, p. 241.)

Somos forçados a concluir que a influenciação que os Espíritos exercem sobre cada um de nós depende da nossa sintonia mental, e a nossa companhia espiritual será sempre resultado dos nossos pensamentos, atos e sentimentos cultivados em qualquer lugar e a qualquer momento.

11.3 CONCEITO DE OBSESSÃO

Compreendida a dinâmica da influenciação recíproca, fácil será entender como se dá a obsessão, palavra de origem latina (*obsessio*), que significa *impertinência, perseguição*; preocupação com determinada ideia, que domina de forma doentia o nosso pensamento. Allan Kardec lavrou o seu conceito de forma simples:

> [...] A obsessão é a ação persistente que um Espírito mau exerce sobre um indivíduo. Apresenta características muito diversas, desde a simples influência moral, sem sinais exteriores perceptíveis, até a perturbação completa do organismo e das faculdades mentais.
> [...]
> A obsessão exprime quase sempre a vingança exercida por um Espírito e que com frequência tem sua origem nas relações que o obsidiado manteve com ele em precedente existência. [...] (EE, cap. 28, it. 81.)

O Codificador diz *quase sempre* porque acontecem obsessões originadas não somente por vingança, mas, também, por sofrimento. Atentemos para o que escreve o Venerando Espírito Bezerra de Menezes:

> Não obstante, nem sempre os obsessores serão entidades absolutamente más. Muitos serão, ao invés, grandes sofredoras, almas tristes e doloridas, feridas no pretérito de existências tumultuosas, pela ingratidão e a maldade desses que agora são as suas vítimas, capazes de grandes atitudes afetivas para outrem que não o seu inimigo a quem obsidiam, e não raro também foram homens intelectualmente esclarecidos na sociedade terrena, mas a quem escasseou a sublime moral da fraternidade evangélica. [...][60]

---

[60] PEREIRA, Yvonne do Amaral. *Dramas da obsessão*. p. 26.

Há mesmo obsessão causada por *paixão* — confundida com *amor* pela maioria de nós humanos. Imaginemos alguém que nos ama muito nesta existência e que seja traída por nós, abandonada, conduzida ao desespero pela nossa indiferença. Desencarnada, será um Espírito sofredor que poderá nos obsidiar porque continua nos "amando". Se não aprendeu a perdoar, mantém consigo toda a carga de emoção que cultivou no plano da matéria, e, pela nossa sintonia com ele, em virtude da consciência culpada, vai manter-se ao nosso lado, interferindo em nossa vida. Ensina Kardec: "[...] a obsessão é uma montanha extraordinária de paixões e sentimentos desordenados, para cuja destruição precisais das ferramentas do amor, das ferramentas da humildade e da verdadeira abnegação" (AP, n. 40). A paixão — tomada, às vezes, como amor — é um sentimento avassalador, exclusivista e doentio que, levado para o Além-Túmulo, mantém o apaixonado ligado ao objeto de seu desejo. É um sentimento desordenado que leva o obsessor a prejudicar o ser amado. Ele, tal como o obsidiado, necessita de compreensão, de esclarecimento e de caridade: é infeliz tanto quanto a sua vítima.

Todos nós, por imperfeitos que somos, carregamos, desta ou de outras existências, as causas da obsessão:

> Amores exacerbados, ódios incoercíveis, dominação absolutista, fanatismo injustificável, avareza incontrolável, má distribuição de valores e recursos financeiros, aquisição indigna de posse transitória, paixões políticas e guerreiras, ganância em relação aos bens perecíveis, orgulho e presunção, egoísmo nas suas múltiplas facetas são as fontes geratrizes desse funesto condutor de homens, que não cessa de atirá-los nos resvaladouros da loucura, das enfermidades portadoras de síndromes desconhecidas [...].[61]

---

[61] FRANCO, Divaldo Pereira. *Estudos espíritas*. Cap. 19.

Não somente a consciência culpada, mas determinados vícios — como a ociosidade, o excesso de prazeres, o ressentimento e a invigilância de pensamentos –, nos colocam à mercê de entidades brincalhonas, apaixonadas e vingativas, dando origem à obsessão. São as imperfeições morais que atraem os Espíritos que se comprazem com nossas desditas. Somente a oração e a prática do bem os afastarão de nós.

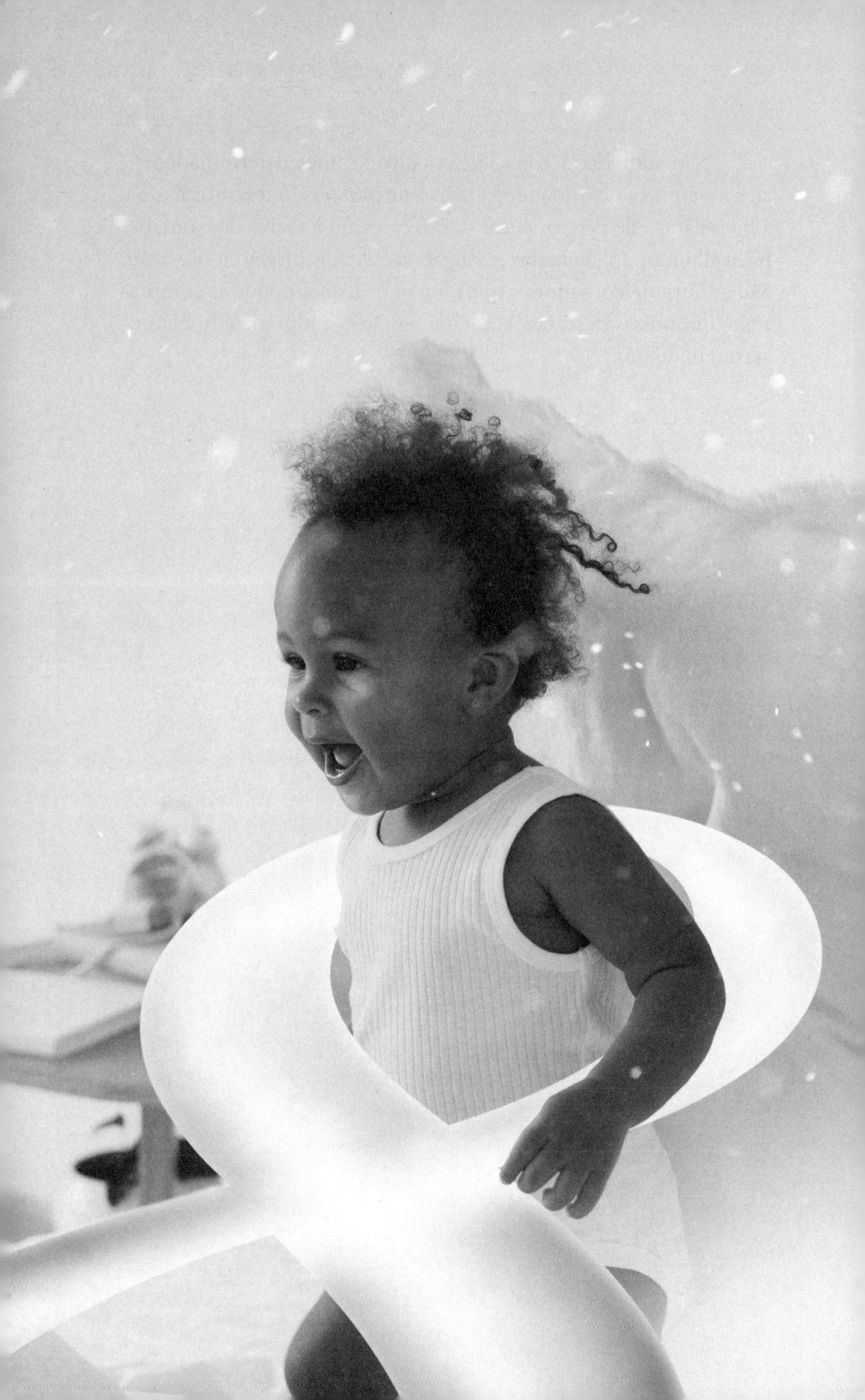

CAPÍTULO 12
OBSESSÃO EM CRIANÇA

No capítulo quatro da obra *Sexo e obsessão*, os Espíritos Anacleto e Philomeno de Miranda observam o Padre Mauro no educandário onde trabalhava como professor. No pátio do colégio, Philomeno foi atraído pela animação intensa e jovial das crianças em movimentação. Surpreso, observou que todas elas estavam acompanhadas por Espíritos que apresentavam diversificados caracteres morais, sendo algumas entidades cruéis, que, desde cedo, intentavam perturbá-las psiquicamente. A informação não nos deixa dúvidas quanto ao fato de que a criança, desde o nascimento, poderá estar acompanhada por seres invisíveis com a intenção de levá-la ao fracasso dos seus intentos na atual existência. Continuando com o relato do que observava espantado, o estudioso Espírito, sempre interessado em compreender cada vez melhor o conúbio entre encarnados e desencarnados, com a finalidade de minimizar as funestas consequências físicas e morais para os envolvidos, revela que diversas daquelas crianças "[...] podiam situar-se no diagnóstico de obsidiadas, tão estreito era o conúbio mental entre os desencarnados e elas [...]".[62]

É sabido que a criança, não obstante ser um Espírito velho, traz consigo as experiências pregressas e que nem sempre são abona-

---

[62] FRANCO, Divaldo Pereira. *Estudos espíritas*. p. 52.

doras, recebe especial proteção espiritual, tendo em vista resguardar o programa reencarnacionista a que se submeteu. Diante dessa realidade, perguntará o leitor, com justa razão: — *Como se explica, então, a instalação do processo obsessivo na criança? — Não terá ela a proteção do seu anjo de guarda?*

O Mentor Anacleto responde:

> — É certo, que sim [...]. Sucede, porém, que os débitos contraídos são muito graves, e a misericórdia divina já vem amparando-a, sendo a reencarnação o melhor instrumento para a sua reparação.
>
> [...] o seu Espírito protetor muitas vezes impede que seja arrastada pelo seu algoz para as regiões mais infelizes em que se situa, nos períodos do parcial desdobramento pelo sono físico, dificultando-lhe o domínio quase total que teria sobre as suas faculdades mentais e os seus sentimentos de afetividades e de comportamento.[63]

O Espírito Anacleto lembra que a obsessão na criança é, muitas vezes, originada na erraticidade, tendo continuidade no plano físico, pois os Espíritos vingativos e viciados reencontram suas vítimas e a eles se imantam. Suas influências perniciosas não impedem o processo reencarnatório, é certo, mas criam sérios percalços, dentre eles citamos.

    a – Graves dificuldades no relacionamento entre filhos e pais, alunos e professores;
    b – Irritações, agressividade, indiferença emocional e perversidade;
    c – Dificuldade de compreensão e lentidão no pensamento;
    d – Enfermidades físicas e distúrbios mentais ou psicológicos.

No processo obsessivo devemos entender que nem todo ele é produto do ódio, da vingança, tal como podemos concluir pelo que

---

[63] FRANCO, Divaldo Pereira. *Sexo e obsessão*. Cap. 4, p. 54.

nos conta a estudiosa e respeitável médium e escritora Yvonne do Amaral Pereira. Resumiremos para o leitor, ficando o convite para consultar a referida obra, objetivando saber mais sobre este assunto.

Uma garota, parente da médium, apresentava comportamentos não comuns a uma criança de dez anos. Consultados os Espíritos, ficou patente a influenciação de seres desencarnados. A menina se apresentava com trejeitos cômicos, caretas horríveis, palavreado piegas ou atrevido, irritando os familiares e escandalizando os estranhos. Além do mais, rebelava-se contra qualquer ação disciplinadora, fazendo-se acreditar portadora de distúrbios mentais. Castigos foram aplicados sem nenhum resultado. Rejeitava a prece e os passes que lhe desejavam aplicar. Mas, às vezes, mostrava-se normal, conversava inteligentemente, demonstrando precocidade.

Consultado o Espírito Charles, um dos mentores da médium, disse ele:

> *Ela afinou-se com entidades inferiores durante o estágio no Espaço*, antes da reencarnação. Arrependimento sincero, porém, levou-a, a tempo, a se retrair das mesmas, e desejar encaminhar-se para melhores planos. *É médium, ou antes, possui faculdades mediúnicas, que futuramente poderão frutificar generosamente*, a serviço do próximo, se bem cultivadas. Os antigos companheiros do Invisível assediam-na, *tentando reavê-la para o sabor de velhos conluios*. Conheceis o remédio para tais desarmonias. Aplicai-o![64] (Grifo nosso.)

Ao se constatar, com certeza, que a criança apresenta comportamento muito diferente do das outras com as quais brinca e convive; que é incontrolável, alternando dos estados agressivos aos de quietude depressiva e, algumas vezes, tentando a autodestruição, pode-se concluir que esteja em processo obsessivo. Nesses casos, o mecanismo terapêutico é um tanto complexo em face de uma enorme ausência de cooperação consciente do enfermo infantil,

---

[64] PEREIRA, Yvonne do Amaral. *Devassando o invisível*. Cap. Mistificadores – Obsessores, p. 112.

mas alguns procedimentos — além dos mencionados no capítulo anterior — podem ser empregados.

- a – Tratamento espiritual sério e bem orientado;
- b – Passes magnéticos e água fluidificada;
- c – Evangelização sob a luz do pensamento espírita;
- d – Psicoterapia do amor, do esclarecimento, da paciência dos genitores, familiares e educadores, quando possível;
- e – Atitude enérgica, mas sem violência, levando-o a respeitar os limites da sua atuação;
- f – Culto do Evangelho no Lar, com a participação dela, mesmo que pareça passiva e que se mantenha inquieta, caso em que os pais devem buscar meios pedagógicos de entretê-la.

O afastamento dos obsessores, que se sentem lesados por razões que desconhecemos, não é nada fácil. Dominados pelo ódio, mostram-se intransigentes e irredutíveis; cristalizados no sentimento de ódio, são refratários a todo tipo de tentativa de esclarecimento. Muitos obsessores são hábeis e inteligentes, perfeitos estrategistas que planejam cada passo e acompanham as "vítimas" por algum tempo, *observando suas tendências*, seus relacionamentos, seus ideais. Identificam seus pontos vulneráveis e as exploram impiedosos. É fundamental confiar na ajuda das Potestades do Bem, buscando o bem. Quando a criança está sofrendo assédio espiritual, toda a família também está, pois ninguém é parente por acaso.

12.1 AGRESSIVIDADE INFANTOJUVENIL E OBSESSÃO

Quanto à agressividade infantil, importante inserirmos aqui algumas informações complementares dos profissionais da área, objetivando não induzir os pais a tirarem conclusões apressadas sobre o comportamento dos seus filhos ou de qualquer outra criança.

Durante uma etapa do crescimento, muitas crianças mordem, beliscam e arranham os outros. Se você tem por perto uma criança de aproximadamente três anos e, nos últimos tempos, ela tem manifestado alguns comportamentos agressivos quando brinca com as outras, sem a supervisão de um adulto, mordendo ou beliscando frequentemente, isso não é coisa do outro mundo, literalmente falando, é natural até prova em contrário.

Entre a idade de um ano e meio até os três, muitas crianças evidenciam tais atitudes, que não podem nem devem ser consideradas patológicas. Morder, beliscar, arranhar ou bater não são mais do que comportamentos exploratórios do meio que a rodeia e descobertas sobre as reações dos outros com relação às suas atitudes. É o teste dos limites. Não há dúvida que — além da manifestação dos instintos — poderá ser também a alma a mostrar suas tendências, carecendo aí da reeducação administrada pelos pais com muito amor. Somente quando a criança tem condição de experimentar e observar os resultados dos seus atos é que pode compreender se tal atitude é ou não correta. Essa compreensão do que é correto será construída pela educação e exemplo dos adultos que a rodeiam durante o seu desenvolvimento físico e intelectual. Quando recebe sorrisos de quem lhe observa os atos, sabe que pode repetir dado comportamento, mas, se os outros chorarem, fizerem carantonhas ou se zangarem com ela, compreenderá que fez algo de mau e que não deve ser repetido.

Entenda o problema como uma etapa do desenvolvimento da criança, muitas vezes associada ao crescimento físico e social, ao desenvolvimento da linguagem ou da dentição. Dê-lhe algum tempo e não desanime. Lembre-se de que estes comportamentos devem passar com a idade, à medida que o seu filho for crescendo. Se persistirem, então é necessário que a criança mereça uma atenção especial. Cada criança é um caso à parte, inserida num contexto específico, que deve ser compreendida de uma forma particular e holística. Observe se ela não está aprendendo determinados comportamentos com adultos, colegas mais velhos ou com a televisão. Além dos cuidados requeridos de um profissional de saúde, psicólogo ou psicopedagogo, deverá se pensar na sua reeducação espiritual, pois seu comportamento pode ser uma manifestação de tendência agressiva trazida de outras existências.

Outra questão, já tratada antes, é o relacionamento complicado entre pais e filhos, que nem sempre está vinculado a influências negativas de Espíritos equivocados, mas também ao reencontro de almas inamistosas em busca de reconciliação. Nos dois casos, a agressividade de ambos os lados poderá estar presente. Resumiremos aqui o caso da reencarnação do Espírito Segismundo, apresentado pelo Espírito André Luiz, que nos servirá para analisar uma das possíveis razões da agressividade entre pais e filhos.[65]

Relata-nos o médico de Nosso Lar que Segismundo, Adelino e Raquel são protagonistas de dolorosa tragédia. Na existência anterior, Segismundo levado pela paixão assassinou Adelino por causa de Raquel, que, por sua vez, aquiesceu aos desvarios de seu amante. "[...] Desencarnaram cada um por sua vez sob intensa vibração de ódio e desesperação, padecendo vários anos, em zonas inferiores [...]".

O programa elaborado pela Espiritualidade interessada na reabilitação daqueles personagens foi o de promover a reencarnação de Segismundo como filho de Raquel e Adelino, que retornaram à Terra na condição de cônjuges novamente. De posse do corpo físico, Adelino esqueceu a promessa e os ressentimentos assomaram do inconsciente profundo, gerando nele sentimentos antagônicos, dificultando-lhe honrar o que prometera. Consequentemente, Segismundo, que se encorajara para reencarnar como filho de sua vítima do passado, sente-se infeliz, triste e revoltado, subtraindo-se à cooperação dos seus protetores. Após vários tentames de reconciliação, ela se deu. Adelino, desprendendo-se do veículo carnal, durante o sono, encontra-se com Segismundo, que já o esperava ao lado da equipe espiritual que cuidava de sua volta à Terra. Após demorada preleção do instrutor Alexandre, os dois se reconciliam. Este momento é narrado com emoção por André Luiz:

---

[65] XAVIER, Francisco Cândido. *Missionários da luz*. Cap. 13.

> [...] O organismo perispiritual de Adelino parecia desfazer-se de pesadas nuvens, que se rompiam de alto a baixo, revelando-lhe as características luminosas. Irradiações suavíssimas aureolavam-lhe agora a personalidade, deixando perceber a sua condição elevada e nobre. [...]

Renasce, finalmente, Segismundo na condição de filho de Adelino e Raquel.

Oferecemos ao leitor as nossas interrogações para que as analise e responda se têm procedência e se encontra apoio na filosofia espírita:

a – Será que os dois, pai e filho, diante de situações que os levem à sintonia com os registros do inconsciente profundo, não permitirão a emersão dos ressentimentos, tornando-se agressivos entre si?

b – Será que não encontrarão dificuldades para anular o ressentimento do passado, pois sabemos quanto nos é difícil anular o homem velho que permanece em nós?

c – Segismundo amará a mãe e odiará o pai (Complexo de Édipo)?

Somente realizações novas no sentido do bem, nobreza de ideais em direção ao amor, somente o conhecimento do que significa uma família dos pontos de vista consanguíneo e espiritual é que nos ajudarão na reforma interior, levando-nos a tolerar e perdoar. Eis por que a reeducação religiosa de todos nós se faz imprescindível para a nossa reabilitação moral diante dos nossos credores, estejam eles no invisível ou ao nosso lado, em carne e osso, na condição de pai, mãe, irmão, filho, parentes, amigos, patrão ou empregado.

12.2 O ANJO DA GUARDA DA CRIANÇA E A OBSESSÃO

Voltando ao assunto da obsessão na infância, como entender que a criança indefesa seja vítima de Espíritos inteligentes e maus?

Para a resposta, recorramos ao capítulo quatro da obra *Sexo e obsessão*. Lá, o autor espiritual desvela o caso de "[...] uma menina loura de olhos claros e cabelos encaracolados com mais ou menos sete anos, que gritava, agredindo a outra com palavras e gestos vulgares, quase aplicando-lhe golpes físicos [...]".[66] Anacleto informa a Philomeno que a menina é uma obsessa e que *no lar é tida por desobediente e teimosa*, sendo levada ao psicólogo, que não logra êxito com as terapias fundamentadas apenas nas teorias materialistas, *desconhecendo as causas espirituais do problema*. A menina — acrescenta Anacleto — *será forte candidata a tratamento psiquiátrico* e uso de fármacos, que apenas minorarão os efeitos das interferências obsessivas sem alcançar as causas.

Verificamos, portanto, que *a razão da influenciação perniciosa do Espírito mau* sobre a criança indefesa *está no seu passado*, junto com aquele perseguidor. Não obstante a Misericórdia Divina, o cumprimento da Lei de Causa e Efeito se dá para promover a reconciliação entre os desafetos e a consequente implantação do amor.

É possível que outra interrogação esteja na ponta da língua da mamãe ou do papai que está lendo este livro: – O que faz o anjo da guarda da criança que está sendo influenciada? Busquemos a ajuda do Codificador, para responder à sua justa e oportuna dúvida.

Da questão 489 a 521 de *O livro dos espíritos*, Allan Kardec indaga insistentemente dos Espíritos, que colaboraram com ele, sobre a proteção divina que tem o Espírito ao reencarnar e busca saber sobre a existência e ação do anjo guardião de cada um de nós. As informações recebidas, as quais apresentamos em extrato, são as de que o anjo guardião é um Espírito com a missão de guiar, proteger e consolar o seu tutelado. Liga-se ao indivíduo no momento de seu nascimento e se mantém com ele até a devolução do corpo físico à Natureza. Já a eficiência e eficácia da proteção do anjo da guarda dependem muito do protegido. Na questão 497, lemos:

---

[66] FRANCO, Divaldo Pereira. *Sexo e obsessão*. Cap. 4, p. 54.

> *O Espírito protetor pode deixar o seu protegido à mercê de outro Espírito que lhe queira fazer mal?*
> "Existe a união dos Espíritos maus para neutralizar a ação dos bons, mas, *se o quiser, o protegido dará toda a força ao seu protetor*. O Espírito bom talvez encontre, em outro lugar, uma vontade a ser auxiliada e, assim, aproveita a oportunidade para ajudá-la, enquanto aguarda a volta do seu protegido."
> (Grifo nosso.)

Deduzimos que o livre-arbítrio daquele Espírito, agora na condição de criança, não é jamais violado pelo anjo da guarda. Embora aquela menina loura de cabelos encaracolados nos pareça inocente e frágil, não deixa de ser um Espírito experiente reencarnado que dá espaço à manifestação de suas tendências agressivas, em conluio com aqueles que compartilharam, em outras existências, e compartilham, nesta, das suas emoções e sentimentos inferiores. Em todos os casos e momentos, a proteção do anjo da guarda se opera em nós, sem dúvida nenhuma, mas não poderá jamais inibir a ação da Lei de Causa e Efeito. A reencarnação é a manifestação da misericórdia do Criador, dando oportunidade de crescimento ao Espírito fadado à evolução, e continua com a presença de um ente superior para nos proteger durante a vida toda. No caso em análise, acrescenta Anacleto, esclarecendo sobre a proteção da menina loura:

> [...] o seu Espírito protetor muitas vezes impede que seja arrastada pelo seu algoz para as regiões mais infelizes em que se situa, nos períodos do parcial desdobramento pelo sono físico, dificultando-lhe o domínio quase total que teria sobre suas faculdades mentais e os seus sentimentos de afetividade e comportamento.[67]

Como é do conhecimento de todas as mães, muitas crianças acordam chorosas, queixando-se de dores e falando de sonhos ruins.

---

[67] FRANCO, Divaldo Pereira. *Sexo e obsessão*. Cap. 4, p. 55.

É que, dormindo, ao desdobrar-se parcialmente, o seu Espírito caminha na busca da realização de seus desejos — sejam eles da vida atual ou da pretérita. É, então, que seus adversários desencarnados acompanham-no e se apresentam, fazendo-a recordar dos deslizes morais de ontem. Eis a razão de voltar para o corpo sob pesadelos atrozes, aos gritos e temerosa.

Mas não é somente no caso da ação perniciosa dos Espíritos cobradores, zombeteiros e viciados que o anjo da guarda ou o Espírito protetor da criança atua em sua defesa. Vejamos outros cuidados revelados pelo anjo Micaël: "Nós, sempre nós; que desviamos a criança travessa do precipício, para onde corre; que dela desviamos os animais nocivos, e afastamos o fogo que poderia misturar-se aos seus cabelos louros. Nossa missão é suave! Somos ainda nós que lhes *inspiramos a compaixão pelo pobre, a doçura, a bondade* [...]" (RE, 1860; p. 182). (Grifamos.)

Como dissemos, o anjo da guarda não violenta a vontade de seu protegido, inspira a ele o melhor, busca nos refolhos de seu coração o que de bom tem para se manifestar e combater o mal que dele se aproxima. Mas a decisão vai ser sempre do Espírito encarnado, que renasceu exatamente para aprender a tomar os caminhos que lhes favoreçam o crescimento moral e espiritual.

Allan Kardec em *O evangelho segundo o espiritismo*, cap. 28, it. 12, oferece um modelo de prece que ajuda os pais, que não dominam essa experiência, ficando certo, no entanto, que o mais valioso é o sentimento e a fé que os responsáveis pela criança põem em suas palavras.

12.3 CONSEQUÊNCIAS DA OBSESSÃO

As informações abaixo ajudam os adultos, que rodeiam a criança, a terem mais possibilidades para identificar nela a obsessão. Elencamos as possíveis consequências ou sintomas, quando a obsessão se instalou ou está por se instalar:

a) De natureza psíquica

As consequências de natureza psíquica na criança são aquelas que se manifestam pelas alterações na sua personalidade, bem conhecida dos pais, que percebem que seu filho *não é o mesmo*:

Surgimento de ideias fixas torturantes:

      a – Domínio de sua vontade por outra vontade;
      b – Inquietação crescente sem causa aparente;
      c – Excitação de desejos fortes além do habitual;
      d – Agressividade sem motivo aparente;
      e – Cansaço físico e mental sem justificativa, com indisposição até mesmo para brincar;
      f – Dificuldade de concentração para o estudo, leitura e oração;
      g – Medo infundado, chorando com facilidade;

Tais sintomas sugerem que a obsessão esteja instalada!

b) De natureza física

As consequências de natureza física são aquelas registradas no organismo físico do obsidiado, nem sempre diagnosticáveis pela medicina materialista. São as *enfermidades simulacros*, das quais os Espíritos nos falam que existem como resultado da atuação magnético-obsessiva. Pode-se afirmar, com base na literatura espírita, que todas as doenças catalogadas pela Medicina são possíveis de se manifestarem no corpo físico do obsidiado, lesado pela longa sintonia com os obsessores ou pelo reflexo das lesões que eles trazem no perispírito, em virtude da íntima sintonia com o obsidiado.

O Espírito Manoel Philomeno de Miranda ensina que a mente do obsidiado, controlada pela mente do obsessor, favorece a proliferação de bactérias patológicas, propiciando a degenerescência celular do seu organismo, em forma de cânceres, tuberculose, hanseníase e outras enfermidades. O Espírito Dias da Cruz, por sua vez, nos alerta:

Todos os nossos pensamentos definidos por vibrações, palavras e atos, arrojam de nós raios específicos.

Assim sendo, é indispensável cuidar de nossas próprias atitudes, na autodefesa e no amparo aos semelhantes, porquanto a cólera e a irritação, a leviandade e a maledicência, a crueldade e a calúnia, a irreflexão e a brutalidade, a tristeza e o desânimo, produzem elevada percentagem de agentes "R" [radiações mentais], de natureza destrutiva, em nós e em torno de nós, exógenos e endógenos, suscetíveis de fixar-nos, por tempo indeterminado, em deploráveis labirintos de desarmonia mental.[68]

É muito comum que doenças dos aparelhos digestivo, respiratório e circulatório, bem como da pele, principalmente as alergias, sejam curadas apenas com a fluidoterapia (passes e água magnetizada), sessões de desobsessão e a mudança de hábitos e de atitude do paciente.

c) De natureza social

As consequências de natureza social são aquelas que conduzem o obsidiado a uma difícil vida de relação com os familiares, amigos e colegas da escola e professores, em razão dos tormentos interiores por que passa ocultamente.

O obsessor também se vale daqueles que rodeiam a criança, insuflando-lhes impaciência, antipatia e desconfiança, para tornar mais difícil a vida da sua vítima. Esta, por sua vez, deprimida, pessimista, angustiada e lamuriosa, afasta de si até mesmo aqueles que possuem alto grau de solidariedade e de fraternidade, por se sentirem cansados do estado doentio do obsidiado. Para ele, quando os parentes não têm por base a Filosofia Espírita, a vida em família passa a ser um transtorno. É lamentável que seus membros, na condição de cônjuges, filhos e irmãos, não entendendo o que se passa, não

---

[68] XAVIER, Francisco Cândido. *Instruções psicofônicas.* p. 97.

conhecendo a Lei de Causa e Efeito que rege nossos atos, não se apoiem mutuamente na busca de uma solução em comum, já que todos estão

> Vinculados [...] no agrupamento familial pelas necessidades da evolução em reajustamentos recíprocos, no problema da obsessão, os que acompanham o paciente estão fortemente ligados ao fator predisponente, caso não hajam sido os responsáveis pelo insucesso do passado, agora convocados à cooperação no ajustamento das contas.[69]

12.4 TRATAMENTO DA OBSESSÃO

Identificado o mal, é urgente buscar a terapêutica correta. "O tratamento de obsessões [...] não é trabalho excêntrico, em nossos círculos de fé renovadora. Constitui simplesmente a continuidade do esforço de salvação [...], começado nas luminosas mãos de Jesus".[70] Dos muitos exemplos evangélicos que comprovam essa assertiva, destacamos apenas um para demonstrar que a obsessão não é uma enfermidade nova:

> E eis que estava ali uma mulher que tinha um *espírito de enfermidade, havia já dezoito anos*; e andava curvada, e não podia de modo algum endireitar-se. E, vendo-a Jesus, chamou-a a si, e disse-lhe: Mulher, estás livre da tua enfermidade. E pôs as mãos sobre ela, e logo se endireitou, e glorificava a Deus. (*Lc.*, 13:11-13.) (Grifo nosso.)

Chama-se *desobsessão* o processo de tratamento com a finalidade de livrar o obsidiado do seu obsessor, levando em consideração, contudo, que este é também um irmão atormentado, necessitado de compreensão e de amor fraterno. Se nem todas as obsessões

---

[69] FRANCO, Divaldo Pereira. *Grilhões partidos*. p. 23.
[70] XAVIER, Francisco Cândido. *Pão nosso*. Mensagem 175.

têm raízes em vidas passadas, podemos afirmar que nenhuma delas acontece sem a anuência, consciente ou inconsciente, de quem a sofre. Por isso a desobsessão, em conformidade com a Doutrina Espírita, é uma forma de assistência bilateral, já que toda obsessão tem suas raízes na imperfeição moral do obsidiado.

O Mestre Jesus costumava aconselhar àqueles que eram beneficiados pela cura: "*Vai e não peques mais*", deixando claro o ensinamento de que os sofrimentos físicos e morais de todos nós são consequências da desobediência às Leis Divinas de amor e de fraternidade. Daí a extremada necessidade de o paciente cooperar com a sua própria cura.

> No que diz respeito ao problema das obsessões espirituais, *o paciente é, também, o agente da própria cura*. É óbvio que, para lográ-la, necessita do concurso do cireneu da caridade que o ajude sob a cruz do sofrimento, através da diretriz de segurança e esclarecimento que o desperte para maior e melhor visão das coisas e da vida, em cujo curso se encontra progredindo. [...]. Esclareça-se, portanto, o portador das obsessões, mesmo aquele que se encontra no estágio mais grave da subjugação, através de mensagens esclarecedoras ao subconsciente, pela doutrinação eficaz, conclamando-o ao despertamento, do que dependerá sua renovação.[71] (Grifo nosso.)

Despertar para ter uma *maior e melhor visão das coisas da vida* significa passar a ter uma *atitude* de obediência às Leis Divinas; ter uma *atitude* de amor e de caridade perante o próximo. *Atitude* é uma maneira organizada e coerente de pensar, sentir e reagir em relação a pessoas ou a um grupo delas, a situações, questões e acontecimentos ocorridos no meio em que vivemos. Os componentes essenciais da atitude são: pensamentos, crenças, sentimentos, emoções e formas de agir e de reagir. Ora! Não é fácil para nenhum de nós realizar a proeza de *mudar de atitude*. Seus componentes não são modificados

---

[71] FRANCO, Divaldo Pereira. *Grilhões partidos*. Prolusão, p. 22.

ou substituídos com a mesma facilidade com que os incorporamos em nossa personalidade ao longo da vida. Mas é dessa mudança que dependerá nossa renovação e a cura da obsessão. É urgente, portanto, um esforço incomum para galvanizar em nossa alma uma atitude consentânea com os postulados do Evangelho do Cristo.

Na desobsessão, o irmão em sofrimento recebe a ajuda do *cireneu da caridade*, que é a *diretriz de segurança e esclarecimento* oferecida pela Doutrina Espírita, em forma de um programa disciplinar, que varia de acordo com o centro que o atende, guardando, no entanto, a unidade de princípios que o Espiritismo determina. Sugerimos a busca de uma casa espírita séria, fundamentada nos postulados kardecistas e no Evangelho de Jesus, para receber a devida orientação.

A desobsessão, como qualquer tratamento para recuperação da saúde, consta de procedimentos bem definidos a serem implementados pela instituição socorrista e pelo paciente. O objetivo é cooperar com o vitimado pela obsessão para que ele concretize sua reforma interior, condição fundamental para o encontro da cura. Em resumo, são os que seguem:

> a – Manter diálogo fraterno com alguém da casa espírita apto a ouvi-lo e a oferecer-lhe os instrumentos racionais e evangélicos da Doutrina Espírita, por meio da palavra amiga de compreensão e de apoio, objetivando fortalecê-lo moral e espiritualmente;
>
> b – Receber esclarecimento por meio de preleções, de palestras públicas, de leituras específicas e de cursos, que lhe oferecerão os princípios da Filosofia Espírita, para uma sadia atitude perante a vida, e o ajudarão na transformação de seus pensamentos, crenças, sentimentos e formas de agir;
>
> c – Amparo ao obsessor dado pelo esclarecedor, nas reuniões de desobsessão, persuadindo-o à pratica do perdão e à reconciliação com sua vítima, para que saiam da tormentosa situação e conquiste a felicidade;

d – Tomada de passes e de água fluidificada pelo obsidiado, com a finalidade de libertá-lo das impregnações fluídicas doentias do obsessor, que causam sérios prejuízos para sua saúde física e psíquica;

e – Implantação do Culto do Evangelho no Lar, facilitando, assim, a cooperação dos Espíritos Superiores e a conjugação de esforços dos membros da família no processo regenerativo de todos;

f – Busca de *trabalho-amor* dentro ou fora da instituição espírita, doando algumas horas do seu lazer à caridade, com vistas a demonstrar ao seu algoz a sinceridade de propósitos em mudar de atitude e merecer dele o perdão e a consequente reconciliação.

Tomadas essas providências, resta-nos confiar na intercessão amorosa de Jesus a nosso favor, que sempre socorreu os enfermos da alma e do corpo. Ele assegurou, quando foi repreendido pelos seus inimigos por estar entre os pecadores: "Não necessitam de médico os sãos, mas, sim, os doentes" (*Mt.*, 9:12).

CAPÍTULO 13
OBSESSÃO E EPILEPSIA

As pesquisas afirmam que em todo o mundo, 50 milhões de pessoas, aproximadamente, sofrem de epilepsia, um tipo de transtorno mental crônico que afeta homens e mulheres de todas as idades. Os números divulgados pela Organização Mundial da Saúde (OMS) posicionam a epilepsia como uma das doenças neurológicas mais comuns no planeta.

É doença conhecida desde a Antiguidade. Variando de um caso para outro, caracteriza-se pela perturbação da consciência e por alterações motoras com perda do tono muscular, provocando a queda do doente e convulsões generalizadas, algumas vezes, acompanhadas de perda de consciência e do controle da bexiga ou do intestino.

As primeiras referências sobre epilepsia começaram a surgir em torno do ano 2000 a.C., na antiga Babilônia, quando se faziam restrições ao casamento de pessoas epilépticas. Tanto na Antiguidade Oriental como na Ocidental, os epilépticos eram tidos na conta de *possuídos*, *loucos* e *incapazes*, sendo o mal considerado um castigo dos deuses, acreditando-se que era produzida pelo alojamento de Espíritos no corpo do paciente. A crença de que os epilépticos eram possuídos pelos *daimons* (Espíritos, em grego) não estava muito longe da verdade, como veremos mais à frente. Em torno do ano 400 a.C.,

Hipócrates, o Pai da Medicina, afirmou que a causa da epilepsia não estava em Espíritos malignos, mas no cérebro, tentando desfazer a ideia de uma doença sagrada. Na Idade Média, a epilepsia foi tida como doença mental e, ao mesmo tempo, contagiosa. Com frequência tentava-se curar esse mal por meios religiosos. No século XVIII, a Neurologia definiu que a epilepsia era causada por uma descarga anormal das células nervosas.

Atualmente, quem sofre de epilepsia ainda é vítima de preconceitos, alimentados pela falta de informações a respeito da doença, isto porque

> A história da epilepsia é longa e tem raízes profundas nas sutis engrenagens do Espírito [...]. O estudo dos efeitos e da sua psicogênese necessita avançar no rumo das estruturas originais do ser humano, a fim de serem detectados os fatores desencadeantes verdadeiros como veremos.[72]

> — Pela lei das afinidades, o Espírito calceta é atraído antes da reencarnação à progênie, na qual se encontram os fatores genéticos de que tem necessidade para a redenção. Quase sempre seus genitores estão vinculados, em grupos familiares, a esses Espíritos em trânsito doloroso, o que constitui, normalmente, manifestação hereditária, com procedência nos graves males do alcoolismo paterno, no uso dos tóxicos, a se expressarem por meio de fatores múltiplos, tais a fragilidade orgânica, as excitações psíquicas, as infecções agudas que geram sequelas lamentáveis... Os mais credenciados mestres discutem se as suas causas matrizes são resultados da intoxicação endógena ou consequentes aos distúrbios das glândulas de secreção interna, responsáveis pela cognominada epilepsia genuína. [...][73]

---

[72] FRANCO, Divaldo Pereira. *Trilhas da libertação*. p. 272.
[73] FRANCO, Divaldo Pereira. *Grilhões partidos*. Cap. 11, p. 103.

Como é fácil deduzir do esclarecimento do venerável mentor, a *hereditariedade* está sempre vinculada ao histórico do Espírito reencarnante, quando ele se une aos pais que lhe outorgam o corpo físico com os genes que lhe propiciem as condições da prova que escolheu, na esperança de alcançar sua liberdade definitiva em existências futuras.

Além da *epilepsia genuína* — cujas causas não são consideradas hereditárias — há que se atentar para as consequentes dos traumatismos cranianos, da sífilis, da encefalite, dos tumores localizados no sistema nervoso central e dos históricos emocionais. "Mesmo nesses casos", conclui Dr. Bezerra:

> temos que levar em conta os *fatores cármicos* incidentes para imporem ao devedor o precioso reajuste com as leis divinas, utilizando-se do recurso da *enfermidade-resgate, expiação purgadora* de elevado benefício para todos nós.[74] (Grifo nosso.)

De forma didática, ele nos ensina que, dependendo da natureza da epilepsia, tudo acontece das seguintes formas:

- a – Após as crises de *epilepsia genuína*, o epiléptico entra em coma.
- b – Em sendo *epilepsia obsessiva*, depois da crise sucede o transe com a manifestação do Espírito perseguidor.
- c – Na *epilepsia mista*, o epiléptico sofre a carga obsessiva simultânea, quando a antiga vítima [o atual obsessor] agrava a enfermidade.[75]

É fácil compreender por que na Antiguidade os epilépticos eram tidos na conta de *possuídos*, e a doença considerada um *mal sagrado*, acreditando-se que era produzida pelo alojamento de Espíritos no corpo do paciente. Não estavam longe da verdade: ela pode

---

[74] FRANCO, Divaldo Pereira. *Grilhões partidos*. Cap. 11, p. 104.
[75] Idem, ibidem. p. 104.

ser consequente da possessão, sim! Substituindo o termo *demônio* (*daimon*) por *Espírito*, teremos a obsessão.

> A epilepsia não perturba a inteligência, podendo encontrar-se pacientes idiotas como intelectualizados. Lamentavelmente, como irrompe de surpresa, leva sua vítima a complexos de inferioridade, graças à insegurança em que vivem, não sabendo quando pode ocorrer um episódio ou crise. Esse caráter faculta-lhes reações inesperadas, mesmo em decorrência de acontecimentos de pequena monta [...]. O epiléptico pode ser vítima de impulsos inesperados, que levam a atitudes criminosas e até mesmo automutiladoras, qual ocorreu com Van Gogh, que decepou uma orelha depois de acirrada discussão com Gauguin. [...][76]

O evangelista Mateus registrou o momento em que Jesus conjurou o *demônio*, ou seja, o *Espírito vingativo*, perverso que se apossara do menino havia muito tempo, fazendo-o sofrer daquela forma:

> Ao chegarem junto da multidão, aproximou-se dele um homem que, de joelhos lhe pedia: Senhor, tem compaixão de meu filho, porque é lunático e sofre muito com isso. Muitas vezes cai no fogo e outras muitas na água. Eu o trouxe aos teus discípulos, mas eles não foram capazes de curá-lo. Ao que Jesus replicou: Ó geração incrédula e perversa, até quando estarei convosco? Até quando vos suportarei? Traze-o aqui. Jesus o conjurou severamente e *o demônio saiu dele. E o menino ficou são a partir desse momento*. (*Mt.*, 17:14 a 18.) (Grifo nosso.)

Recolhemos da obra do psicólogo suíço Carl Gustav Jung um caso de epilepsia por ele estudado em um menino "que aos sete anos começou a tornar-se esquisito". O relato é interessante porque con-

---

[76] FRANCO, Divaldo Pereira. *Trilhas da libertação*. Cap. Calvário de Adelaide, p. 273.

tém uma série de *indícios que demonstram tratar-se de um caso de obsessão*. Resumimos o que nos conta o criador da psicologia analítica, tomando o cuidado para não deformar o seu pensamento.

O primeiro sintoma é que o menino vivia se escondendo no sótão ou em outro lugar escuro. Às vezes, parava repentinamente de brincar e *corria para esconder o rosto* no colo da mãe. Na escola passou a sair às pressas da sua carteira em direção ao professor e abraçá-lo, como se estivesse *pedindo a sua proteção*. Outras vezes, conversando ou brincando, parava repentinamente, *desligando-se da realidade por segundos ou minutos*, e, ao retornar à consciência, nada sabia do acontecido. Aos poucos foi se tornando *desagradável, irritável e com acesso de furor*, chegando a ferir sua irmã com uma tesoura. Em razão de todos esses acontecimentos, o menino passou a ser considerado como *maldoso*. Neste ponto do relato, Jung informa que obteve do menino, aos doze anos, após o primeiro ataque epiléptico, a confissão de que aos seis anos fora tomado de *medo diante de alguém que estava presente*. Depois percebeu o *vulto de um homem pequeno e barbudo*, que o amedrontava. Até aqui, com a ajuda do que nos ensina a verdade espírita, o menino presenciava, indubitavelmente, os Espíritos e se assustava sem compreender o que estava acontecendo. A incidência desses fatos tornava-o irritado e agressivo. Mas continuemos com a confissão do menino.

Disse ele que o homem barbudo insistia em lhe entregar algo horroroso, que era uma *culpa*. A essa altura, Jung interrogou: *Mas que culpa?* E o menino, desconfiado, disse quase cochichando: *Crime de morte*. Depois disso os acessos continuaram, mas *as visões eram outras*: uma freira com o rosto velado e pálida, como a morte, o amedrontava constantemente.[77]

Até aos doze anos, o menino foi poupado dos acessos, mesmo vendo à sua frente as entidades equivocadas que desejavam fazer justiça com as próprias mãos, de vê-lo sofrer pelo delito cometido. Mas, se o menino não cometera delito naquela vida, sem dúvida fora em outra existência. Se Jung tivesse admitido

---

[77] JUNG, Carl Gustav. *O desenvolvimento da personalidade.* p. 77-78.

a reencarnação e a Lei de Causa e Efeito, mais facilmente compreenderia o drama daquele garoto.

Acompanhando o caso de Pedro em uma instituição espírita, André Luiz descobre que os seus ataques epilépticos são produtos da subjugação de um Espírito vingativo. Querendo aprender mais sobre o que via, o médico da colônia espiritual Nosso Lar busca saber do Instrutor Áulus se está diante da epilepsia, o qual assim se manifesta:

> — Sim, presenciamos um ataque epiléptico, segundo a definição da medicina terrestre, entretanto, somos constrangidos a identificá-lo como sendo um *transe mediúnico de baixo teor*, porquanto verificamos aqui a *associação de duas mentes desequilibradas*, que se prendem às teias do ódio recíproco.[78] (Grifo nosso.)

Áulus conclui assegurando que Pedro era portador de *mediunidade de provação* e que estava resgatando débitos do passado, requisitando o carinho e a compreensão de todos. Em outras palavras, era um obsesso.

Outro caso comovedor estudado por André Luiz, auxiliado pelo mentor Calderaro, é o de uma criança contando oito anos, que "[...] não fala, não anda, não chega a sentar-se, vê muito mal, quase não ouve na esfera humana; psiquicamente, porém, tem a vida de um sentenciado sensível, *a cumprir severa pena, lavrada, em verdade, por ele próprio.* [...]".[79] (Grifo nosso.)

Aquela pequena criatura muito necessitava do amor da mãe dedicada para o seu reerguimento moral, corrigindo o seu passado desregrado na existência anterior, quando detinha vigorosa inteligência e era portador de vários títulos honoríficos, mas que não soube dignificá-los, precipitando-se na vala comum dos caprichos criminosos. Ficara longo tempo em regiões inferiores do Plano Espiritual e teve sua organização perispiritual lesada pelos seus algozes

---

[78] XAVIER, Francisco Cândido. *Nos domínios da mediunidade*. p. 75-85.
[79] Idem. *No mundo maior*. Cap. 8, p. 102-107.

do passado, renascendo, portanto, com disfunções neurológicas que favoreciam as convulsões epilépticas.

Na vida atual, vem aproveitando as bênçãos recebidas no lar que lhe acolheu por dádiva do Criador, determinado em reajustar-se moralmente. É menino bom, obediente e dócil. Podemos inferir, pelo resumo dado e por essa última informação, que os pendores egoístas e criminosos de Marcelo, tão bem cultivados por ele no passado, foram sufocados por virtudes cristãs, em razão do sofrimento no umbral e da reeducação implementada pelos genitores desde a infância e pela sua força de vontade em se regenerar. Informa o mentor Calderaro:

> [...] Passou a infância tranquilo, embora continuamente espreitado por antigos perseguidores invisíveis. Não se achava a eles atraído, em virtude do serviço regenerador a que se submetera; mas ao topar com algum dos adversários, nos minutos de parcial desprendimento propiciado pelo sono físico, sofria amargamente com as recordações. [...][80]

Somente a partir dos 14 anos é que Marcelo começou a ser vitimado pelas convulsões epilépticas, mas, já melhorado espiritualmente, soube se refugiar nos princípios nobres que cultivara, reduzindo os efeitos da doença. Podemos inferir do caso estudado que é durante a infância, quando o Espírito se vê aprisionado pelo escafandro de carne, que os pais podem com mais facilidade cooperar com a sua reeducação, fazendo florescer as sementes de amor plantadas pelo Sempiterno no imo de todos nós.

A história de Marcelo oferece características valiosas para nosso aprendizado. Marcelo atendendo às sugestões daqueles que o beneficiam, encarnados e desencarnados, adaptando-se à realidade, vem sendo médico de si mesmo, única fórmula em que o enfermo encontrará a própria cura.

---

[80] XAVIER, Francisco Cândido. *No mundo maior*. Cap. 8, p. 137.

Os pais que têm filhos nessa condição sentem-se, muitas vezes, esquecidos do Senhor da Vida, no entanto devemos, urgentemente, lembrar que Deus não pune, não impõe a nós as dores por que passamos. Erramos, fazendo uso indevido do nosso livre-arbítrio e, quando no Mundo Espiritual, é natural que escolhamos provas dolorosas para nossa remissão, pois a visão que temos da vida fora da matéria é destituída de qualquer ilusão e a nossa confiança no Pai é do tamanho da nossa vontade de se libertar definitivamente dos grilhões da imperfeição que nos mantêm na erraticidade. Vejamos as crianças nessas condições como valorosos soldados querendo resgatar a si e aos seus pais, seus benfeitores.

CAPÍTULO 14
OBSESSÃO E PARALISIA

A respeitável senhora Yvonne do Amaral Pereira, expoente da mediunidade no Brasil, narra-nos um fato interessantíssimo da sua vida como médium, registrado em uma de suas obras, que pedimos licença ao leitor para transcrevê-lo na íntegra, em razão dos detalhes bastante significativos que se perderiam no resumo que eu pretendesse aqui fazer, prejudicando a compreensão ampla do assunto a que nos propomos estudar neste capítulo, lembrando que — como esclarece a autora — os nomes adotados são fictícios, com o fim de preservar a identidade dos personagens.

> Um jovem de doze anos, único filho varão de modesto sitiante dos arredores da cidade (Lavras), cujo nome era José Teodoro Vieira, *fora atacado de uma espécie de paralisia infantil desde os seus dois anos de idade*, paralisia que lhe deformara terrivelmente as pernas, tornando-as tortas, unidas pelos joelhos; os braços eram arcados e retesados, e até a fisionomia se apresentava abobalhada e como que intumescida por esforço ignoto. Era, além de tudo, também, mudo.
> Ao penetrar a sede do Centro, acompanhado pelo pai, os dois videntes então presentes e também eu mesma, tam-

bém presente, fomos concordes em perceber uma forma escura e compacta cavalgando o rapaz, como se ele nada mais fosse que uma alimária de sela, visto que até as rédeas e o freio na boca existiam estruturados na mesma sombra escura. O enfermo, com efeito, mantinha o dorso curvado, como se submetendo ao jugo do seu cavaleiro, chorava de dores musculares, de dores lombares, de ouvido e de garganta, e tudo indicava que uma espécie de reumatismo incurável, uma paralisia parcial, originária da sífilis, o infelicitaria para sempre, pois os médicos consultados já haviam esgotado os seus recursos científicos para o curarem; o pobre pai despendera o máximo das suas posses para o tratamento, mas o mal permanecia desafiando o tempo e as tentativas de cada um. Tratava-se, como vemos, de obsessão típica daquelas citadas nos Evangelhos de Jesus, as quais tinham até o mesmo poder de tornar surdo e mudo o paciente, e que Jesus e seus apóstolos com tanta facilidade curavam com a aposição das mãos. No decurso de dez anos de domínio, essa terrível obsessão afetara músculos e nervos, glândulas e sistema nervoso do passivo, o que desorientara os próprios médicos, que, tratando do enfermo com os métodos ditos científicos e indicados para o caso, não logravam sequer alívio para ele.

[...] Já por essa época o Espírito Dr. Bezerra de Menezes me honrava com sua assistência para todos os trabalhos mediúnicos empreendidos, e fiz imediatamente a consulta necessária, obtendo o simples esclarecimento que se segue:

— Façam o pedido para o enfermo nas vossas sessões comuns. Que ele se submeta a um tratamento de passes diários, no próprio Centro, com uma corrente de três ou mais médiuns, e assista às reuniões que puder. O caso é simples...

Concedeu receita homeopata que foi religiosamente observada, com os medicamentos fornecidos pela própria "Assistência aos Necessitados", gratuitamente.

Logo na primeira sessão realizada e quando o paciente só havia recebido passes, aplicados conforme a indicação, apresentou-se um antigo escravo africano, do Brasil, revoltado contra a violência que faziam, retirando-o à força do dorso do seu "corcel":

— Por que então não posso também castigá-lo, se ele já me castigou tanto — dizia. — Ele foi meu Senhor e me subjugou enquanto vivi... Agora é a minha vez de subjugá-lo com meu chicote e a minha espora... Não era eu o burro de carga que ele chicoteava? Pois agora o burro é ele e a carga sou eu... Chumbo "berganhado" não dói...

— Mas não vês que este rapaz conta apenas 12 anos, e não podia ter sido teu Senhor, quando a escravatura foi abolida há tantos anos?... — retrucou o presidente da mesa com inteligência, tentando esclarecimentos doutrinários.

— Ora, ora, ora... — tornou a entidade — eu bem sei o que digo e quem é ele, o meu burro... Ele é Nhonhô Teodoro Vieira, sim, não me engano não... eu nunca o perdi de vista... Facilmente esse opressor foi retirado e encaminhado às estâncias do Invisível convenientes ao seu estado, talvez a uma reencarnação imediata, e, prosseguindo o tratamento recomendado, o moço enfermo tornou-se radicalmente curado em trinta dias.

Conversando com o pai do jovem, soube-se que "Nhonhô Teodoro" fora o bisavô do próprio enfermo, e que possuíra alguns escravos, pequeno fazendeiro que fora na zona rural da velha cidade. Pela lei da reencarnação, os próprios acontecimentos autorizaram a dedução de que o jovem José Teodoro Vieira mais não era do que a reencarnação do próprio bisavô. *Colocado agora na quarta geração da própria família*, padecia a vingança de um escravo odioso que não fora capaz de perdoar os males recebidos, e, assim, descrendo da justiça de Deus, fazia justiça pelas próprias mãos. Lembro-me ainda da última receita concedida pela entidade Dr. Bezerra de Menezes ao jovem obsidiado:

Beladona e China da 5ª dinamização e seis vidros de antigo reconstituinte muito usado pela época.

Deslumbrado, o pai do rapaz tornou-se espírita com toda a família, desejoso de se instruir no assunto, enquanto o filho, falando normalmente, explicava, sorridente:

— Eu sabia falar, sim, mas a voz não saía porque "uma coisa esquisita" apertava minha língua e engasgava a garganta...

Essa "coisa esquisita" seria, certamente, o "freio" forjado com forças maléficas invisíveis...[81] (Grifo nosso.)

O relato é riquíssimo em dados que nos conduzem a profundas reflexões sobre as várias doenças que podem ser provocadas pela obsessão, entre elas a paralisia. Tivemos oportunidade de observar em muitas crianças, já ao nascerem, os sintomas da obsessão. Trazem consigo os cobradores de outrora, exigindo delas e dos respectivos pais muito amor, paciência e capacidade de renúncia.

Elenca o Espírito Dr. Bezerra de Menezes, ainda na mesma obra, variadas condições em que o Espírito poderá renascer, dependendo de como desencarnou na sua última existência:

- Um suicida poderá renascer em deplorável estado mental.
- Quem desencarnou com um tiro no coração poderá renascer com lesão naquele órgão.
- Um tiro no ouvido causará, sem dúvida, certas anomalias, entre elas a surdez, um câncer, anomalias no aparelhamento cerebral ou cegueira.
- Se o reencarnado se envenenou na vida anterior, na atual poderá apresentar enfermidade do aparelho digestivo, alterações no sistema circulatório, dispepsias nervosas e outros.

É oportuno prevenir o leitor de que as consequências da Lei de Causa e Efeito nem sempre são simétricas, ou seja, para determinada

---

[81] PEREIRA, Yvonne do Amaral. *Recordações da mediunidade*. p. 193-196.

causa resultará sempre o mesmo efeito. A contabilidade divina leva em consideração aspectos que não temos condições de decifrá-los, ainda, no seu todo. Por isso, qualquer tentativa nossa de julgar o passado pelo presente é mera especulação a se encaminhar para a falta de caridade, fazendo prejulgamento.

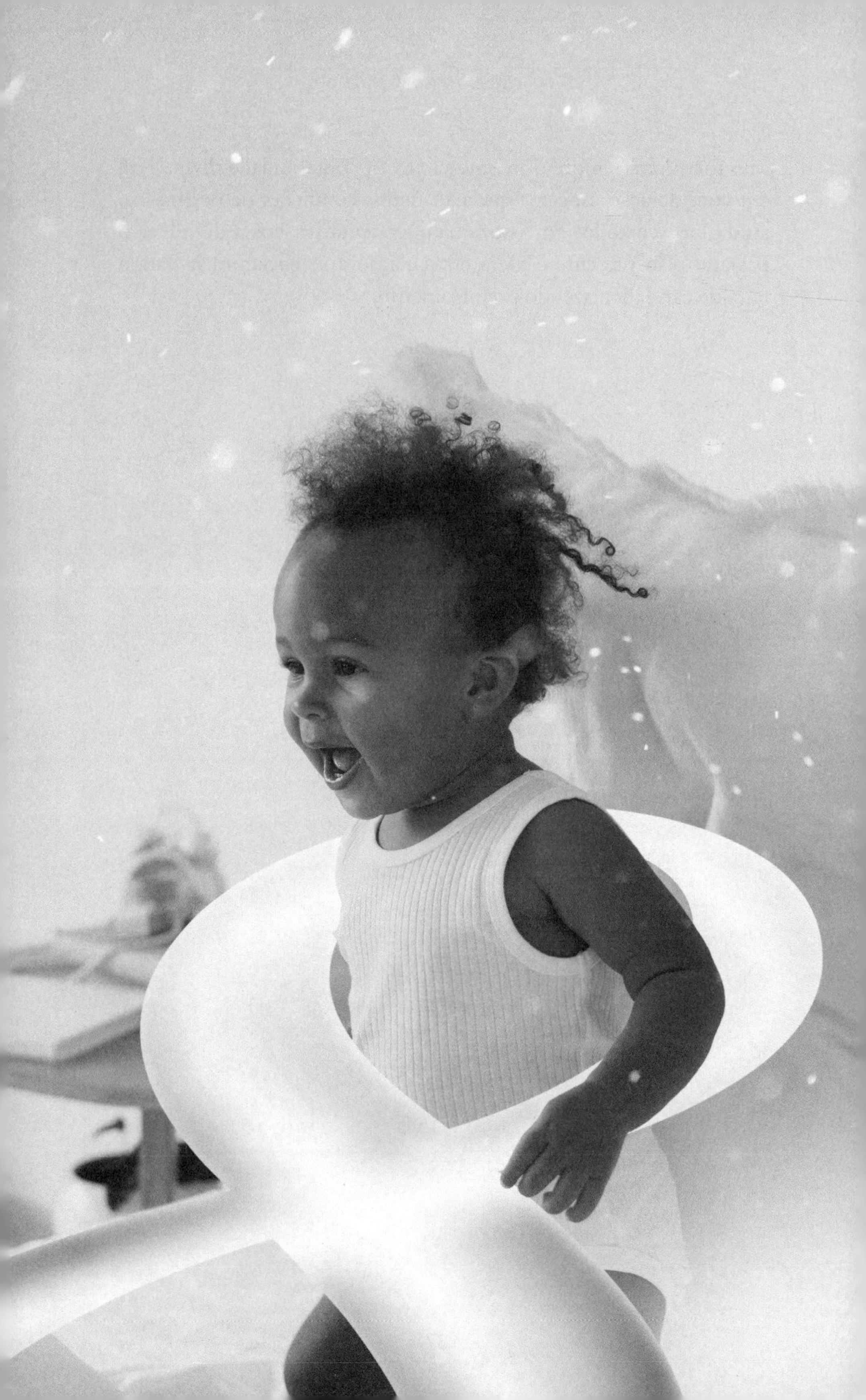

CAPÍTULO 15
FILHO ESPECIAL, PAIS ESPECIAIS

Agora que você obteve com a leitura das páginas anteriores as informações suficientes para entender a dinâmica da vida e compreender quem é realmente uma criança, segundo os preceitos da Doutrina Espírita, esperamos que aceite — você mãe, você pai – senão com alegria, por enquanto, mas com resignação — serem *pais especiais* para um *filho especial*.

Os homens que fazem previsão, os que lidam com estatísticas, afirmam que a cada ano, aproximadamente, cem mil mulheres tornam-se mães de crianças com algum tipo de deficiência física ou mental. Se você, mãezinha, está grávida ou planejando um filho talvez fique preocupada em saber dessa realidade. E talvez pergunte a Deus como é que Ele escolhe as mães de crianças especiais e por que elas existem.

Sem dúvida, Ele seleciona seus instrumentos para a preservação da espécie humana com imenso amor, mas suas Leis devem ser executadas rigorosamente, muito embora coloque na sua execução uma grande dose de misericórdia. Não temos dúvidas que o Pai dá aos seus filhos a oportunidade de um salto grandioso na escala da evolução espiritual, fazendo-os pais de filhos especiais, de crianças com algum tipo de deficiência, de dificuldade, carecendo de cuidados especiais.

Se você, caro(a) leitor(a), imaginou que essa escolha é feita aleatoriamente pela Natureza ou foi unicamente uma consequência genética, está se esquecendo de que o acaso não existe, como já aprendemos alhures. Quando a *Lei de Causa e Efeito* se faz cumprir, de maneira aparentemente impiedosa, sobre um casal na condição de pais, é porque os dois se submeteram às consequências de experiências pregressas ou estão prontos a cooperar com o Criador no amparo a algum Espírito que não encontrou quem lhe desse guarida para recebê-lo como filho.

O médico, na maternidade, se aproxima da mãezinha, envolvida carinhosamente pelo esposo e, com muito tato, diz-lhes que a *criança é especial*, que apresentará dificuldades no futuro, pois assinalou na avaliação feita nos primeiros cinco minutos de vida algumas deficiências... Os pais se desesperam, questionam angustiados: por que, meu Deus, logo conosco? A mãe interroga, já com sentimento de culpa: foi algum problema comigo, doutor? O pai busca o médico e interpela: mas os exames que fizemos antes não diziam que estava tudo bem? A angústia toma conta deles e as lágrimas banham-lhes os rostos aflitos.

As respostas a esses fatos somente serão consoladoras se admitidas a reencarnação e a Lei de Causa e Efeito em funcionamento. A mentora Joanna de Ângelis esclarece melhor o que pretendemos dizer:

> Se te repousa no berço de sonhos desfeitos um filhinho deformado, amputado, dementado, deficiente de qualquer natureza, esquece-lhe a aparência e assiste-o com amor.
> Não te chega ao trono dos sentimentos por acaso.
> Antigo companheiro vencido suplica ajuda ao desertor, só agora alcançado pela divina legislação. Dá-lhe ternura, canta-lhe um poema de esperança, ajuda-o.
> O filho deficiente no teu lar significa a tua oportunidade de triunfo e a ensancha que ele te roga para alcançar a felicidade.

> Seria terrivelmente criminoso negar-lhe, por vaidade ferida, o amparo que te pede, quando concede a bênção do ensejo para a tua reparação em relação a ele.[82]

Os filhos especiais são aqueles portadores de síndrome de Down, lesão cerebral, autismo, epilepsia, dislexia, hiperatividade, com déficit de atenção ou não, problemas de aprendizagem e diferentes distúrbios de natureza neurológica e/ou psiquiátrica. Sendo todos nós transgressores das Leis Divinas, recebemos o filho portador de uma dessas deficiências, como um recado do Criador: – *Eis a oportunidade que vocês – pais e filho – esperavam para se redimir*. Os pais de um filho especial não devem se punir, sentirem-se como condenados, mas escolhidos entre muitos. Mãezinha, exercite os olhos da alma e verá naquele corpo outra alma ansiando em se libertar e confiante na sua ajuda.

> — Na maioria das vezes, o soerguimento é vagaroso. Podemos comprovar isso no estudo das crianças retardadas, que exprimem dolorosos enigmas para o mundo... *Somente o extremado amor dos pais e dos familiares consegue infundir calor e vitalidade a esses entezinhos* que, não raro, se demoram por muitos anos na matéria densa, como apêndices torturados da sociedade terrestre, *curtindo sofrimentos que parecem injustificáveis e estranhos e que constituem para eles a medicação viável*. [...][83] (Grifo nosso.)

Dando à luz um filho especial, a mãe talvez não sinta a alegria do primeiro momento, tal como aquelas que recebem seu rebento com toda saúde, para amamentá-lo. Se ele apresentar deformações físicas, talvez tenha dificuldade de abraçar e beijar o seu rosto. Não se recrimine por isso: o amor materno é um sentimento humano, que deve ser conquistado. Acredite! Você irá conquistar o amor pelo seu filho ao longo dos dias vividos ao lado dele, dispensando-lhe os

---

[82] FRANCO, Divaldo Pereira. *S.O.S. família*. Cap. Filho deficiente, p. 104.
[83] XAVIER, Francisco Cândido. *Nos domínios da mediunidade*. Cap. 25, p. 238.

cuidados de que necessita para viver. O amor é um fenômeno que pode ser aprendido. Todos nós o temos latente no imo da alma, cuja semente plantada pelo nosso Criador quando da nossa gênese. É suficiente regá-la para que brote altruísta, distribuindo segurança, esperança e felicidade.

Amor de mãe não é um instinto, como já aprendemos, nem sempre é inato como muitos pretendem. Se assim fosse, muitas delas não abandonariam seus filhos em tenra idade ou não os criariam com desamor, fortalecendo neles a sensação de abandono, de orfandade. As mães adotivas aprendem a querer o filho, que lhe veio por caminho diverso, tanto quanto a mãe biológica. Você, como todas as mães neste mundo de provas e expiações, foi convidada a aprender a amar de maneira sublimada, algo que poucos estão aptos a fazer.

Talvez, antes do nascimento do seu filho, acreditasse que a maternidade é fenômeno puramente biológico e que você continuaria sendo a mesma mulher de antes, mas agora, no trato contínuo com um ser que depende do seu corpo para se alimentar, dos seus cuidados para se manter limpo, do seu desvelo para dormir e do seu amor para fazê-lo sentir-se seguro, está chegando à conclusão de que:

> A maternidade humana é mais do que um fenômeno biológico, tratando-se de uma experiência iluminativa e libertadora para a consciência, que descobre a necessidade de superação do egoísmo, de desenvolvimento dos valores morais mais expressivos, para que o amor se encarregue de dirimir dificuldades e estabelecer parâmetros de comportamentos sadios, sem exageros do apego, ou do ressentimento, ou da transferência de amarguras e frustrações para os filhos, que se lhes tornam vítimas sem defesa...[84]

Exercite o amor, portanto, e galgue as alturas com as asas da renúncia e da gratidão, porque Jesus estará presente em seu lar dia e noite, transformando a sua luta em alegria. Amando aquela

---

[84] FRANCO, Divaldo Pereira. *O despertar do espírito*. p. 182-183.

criaturinha indefesa, você criará mecanismos que transmudarão seu débito em crédito, pois *o amor cobre a multidão dos pecados*, conforme ensina o Apóstolo Pedro. Encoraje-se olhando nos olhos do seu filho especial. Observe que força ele demonstra! Que coragem para viver! As crianças deficientes são atletas na maratona da vida, convidando seus pais a participarem, também, da chegada vitoriosa, mesmo que não seja em primeiro lugar. Se, no esporte, o importante é competir; na vida, o importante é aprender a amar.

Falar que uma criança deficiente está em expiação é severo demais para os pais e familiares, embora saibamos que a Lei de Causa e Efeito é justa, pois foi criada por Deus. Procurando saber qual o objetivo da encarnação, os Espíritos responderam a Kardec:

> Deus lhes impõe a encarnação com o fim de fazê-los chegar à perfeição. *Para uns, é expiação; para outros, missão.* Mas, para alcançarem essa perfeição, *têm que sofrer todas as vicissitudes da existência corpórea*: nisto é que consiste a expiação. *A encarnação tem ainda outra finalidade: a de pôr o Espírito em condições de cumprir sua parte na obra da Criação.* Para executá-la é que, em cada mundo, ele toma um instrumento em harmonia com a matéria essencial desse mundo, a fim de nele cumprir, daquele ponto de vista, as ordens de Deus. É dessa forma que, concorrendo para a obra geral, ele próprio se adianta. (LE, q. 132.) (Grifo nosso.)

E completam:

> Todos os Espíritos tendem para a perfeição e Deus lhes faculta os meios de alcançá-la, proporcionando-lhes as provações da vida corpórea. Mas, em sua justiça, Ele lhes concede realizar, em novas existências, *o que não puderam fazer ou concluir numa primeira prova.* (LE: q. 171, comentário de Kardec.)

Se você não teve, no primeiro momento, a alegria de abraçar seu filho sem necessidades especiais, no futuro agradecerá a ele pelo imenso amor e carinho que lhe dispensará por lhe reconhecer a capacidade de renúncia em seu benefício. Jung, estudando as crianças com pobreza de inteligência, afirma que são elas compensadas pela riqueza de coração, assegurando que *demonstram lealdade, apego, devotamento* e que "[...] são merecedoras de plena confiança e capazes de se dedicarem com grande sacrifício próprio". O eminente psicólogo suíço percebeu ainda a importância do relacionamento amoroso e psíquico entre os filhos que solicitam dos seus pais uma atenção especial, afirmando que "[...] Estas crianças padecem realmente de uma ausência quase orgânica de *alguma coisa*, de que toda a criança precisa necessariamente para viver, isto é, da atenção dos pais, *sobretudo da mãe*, que exerce um *efeito psíquico 'alimentador'*. [...][85] (Grifo nosso). Podemos assegurar que essa *alguma coisa* é o amor e a paciência, especialmente da mãe, porque, conforme ensinam os Espíritos, tem a mulher mais sensibilidade para a delicada função de dar ao filho as primeiras noções de vida.

    Muitos outros momentos de felicidade aguardam vocês, pais especiais, que caminham na estrada da vida com seu filho especial. Se ele nasceu surdo, não aprenderá a falar como todos nós, exigirá uma estimulação própria, que nem vocês nem ninguém vai considerar banal qualquer balbucio pronunciado por ele, porque seu filho demonstrará o resultado de um esforço que de poucos é exigido. Por mais simples que seja um balbucio dessa criança, vocês o receberão como um grande presente. Se tiver dificuldade de aprender, seus primeiros rascunhos e primeiras deduções lógicas representarão para vocês uma vitória olímpica, merecendo ele uma coroa de beijos e abraços. Todo resultado inteligente que saia dele produzirá em vocês uma felicidade inefável: a vitória dele é a de vocês também. Mãe e pai, se o seu filho nasceu privado da vista, reconhecerá o mundo com seus olhos, com suas mãos, com suas vozes. Seu cheiro e seu calor dirão mais a ele do que a qualquer outro ser na Terra. Quando ele se tornar independente nos movimentos e vocês perceberem que

---

[85] JUNG, Carl Gustav. *O desenvolvimento da personalidade*. p. 75-76.

ele faz tudo sozinho, chorarão de contentamento e sentirão que ele é um vencedor! Agradecerão a Deus o filho que pôs em seus braços e terão a certeza de que entregarão aquela alma melhor do que a recebeu, pois agora ela acredita no amor verdadeiro. Vocês agradecerão pela forma como aprenderam a amar e, daí, para sempre, amarão a todos os seres que Deus lhes confiar.

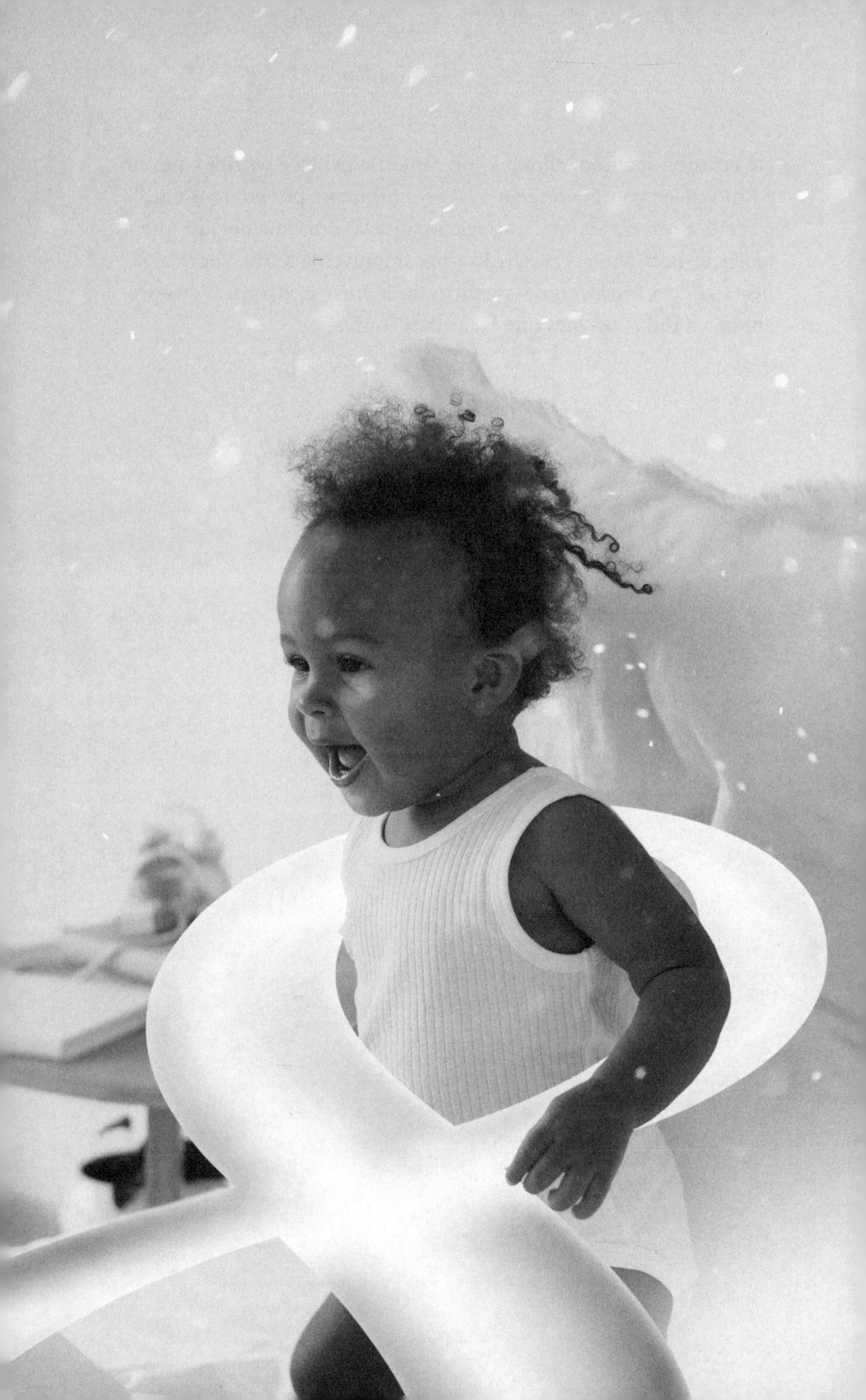

CAPÍTULO 16
FILHO DO CORAÇÃO

O Espírito Jules Morin, quando da Codificação do Espiritismo, ditou pela médium Schmidt Morin, a mensagem intitulada "Os órfãos" que, em nosso entendimento, merece a primazia de iniciar este capítulo.

> Meus irmãos, amai os órfãos. Se soubésseis como é triste ser só e abandonado, sobretudo na infância! Deus permite que haja órfãos, para vos estimular a servir-lhes de pais. Que divina caridade amparar uma pobre criaturinha abandonada, evitar que sofra fome e frio, dirigir-lhe a alma, a fim de que não desgarre para o vício! Quem estende a mão a uma criança abandonada agrada a Deus, porque compreende e pratica a sua Lei. Ponderai também que muitas vezes a criança que socorreis vos foi cara em outra encarnação, mas, se pudésseis lembrar-vos, já não seria caridade, mas um dever. [...] (RE, 1860; p. 496.)

Muitas mulheres não geram filhos, no entanto, fazem-se mães da dedicação, adotando crianças que não se estiolaram porque elas tomaram a si o ministério de socorrê-las e ampará-las em nome do amor. Tais mulheres assumem a condição de mães adotivas, que amam verdadeiramente a criança que recebem em seus braços, que não mourejou em seu ventre durante nove meses, não se ligando a ela pela carne, mas sim pelo coração. E tão sublimado se mostra o sentimento materno nessas mulheres, que elas se escusam a propalar que o seu *filho é adotivo*, preferindo assegurar que é *filho do coração*.

De acordo com a Doutrina Espírita, o acaso não existe. A família é resultante de um planejamento no mundo das causas, onde entidades tutelam o retorno de um grupo de Espíritos à carne, marcando aqui o reencontro deles, na condição de pais e filhos, por isso o lar vai muito além do parentesco corporal.

Em *O evangelho segundo o espiritismo*, no capítulo 14, item 8, os Espíritos esclarecem que os laços de sangue não estabelecem necessariamente os laços espirituais, o que realmente importa são as afinidades e comunhão de pensamentos que unem os Espíritos. A possibilidade de nos reunirmos aqui na Terra, exercendo os papéis de pai, mãe ou filho, *seja este biológico ou adotivo*, é uma oportunidade divina, pois pela reencarnação recebemos a bênção do esquecimento, tornando possível nos reencontrarmos com afetos e desafetos para aprendermos a amar e perdoar aqueles que nos ofenderam em vidas passadas.

Surge, naturalmente, a seguinte indagação:

— Se a família mereceu um planejamento prévio no Plano Espiritual, quando seus futuros membros serão velhos conhecidos e deverão se reencontrar no mesmo teto, para aprenderem a amar e a se perdoarem, quando for o caso, como explicar a inclusão nela de um filho adotivo, um filho do coração?

Iniciemos a resposta lembrando que somos regidos pela Lei de Causa e Efeito, e que por ela somos levados, automaticamente, ao reencontro com o nosso passado que se pode resumir em circunstâncias e pessoas. Por isso, o filho do coração não nos chega ao lar sem uma razão que a justifique. Elas são inúmeras!

Há Espíritos que ao reencarnarem trazem na sua programação o estigma da orfandade, por não terem valorizado seus pais nem a grandeza espiritual de um lar em vidas passadas, ficando à mercê da misericórdia de pais adotivos que, muitas vezes, fizeram parte do mesmo drama. Um exemplo bastante ilustrativo encontramos no capítulo 16 do livro *Ação e reação*,[86] cuja leitura e estudo recomendamos.

Outras vezes, o programa de adoção é levado a efeito conforme a necessidade de reajuste do casal com determinado Espírito. Como exemplo, temos um caso narrado por André Luiz: um casal de idosos que, como resultado da influência espiritual, passou a desejar a adoção de um filho. Surge em sua porta uma senhora pobre e muito doente, informando que está grávida e que seu marido sofre de tuberculose, por isso ela necessita trabalhar. Tempo depois, trabalhando na casa da fazendeira, ela dá à luz um menino e retorna ao Mundo Espiritual. Nessa condição a patroa adota o filhinho... Tratava-se de reencarnante necessitado de reajuste com os pais.[87]

Portanto, a programação de uma família poderá prever a adoção de uma criança ou não, surgindo o evento depois. O casal, alimentado pelo sentimento de fraternidade, decidirá ampliar a prole com mais filhos sem os laços da consanguinidade. É o amor que se expande.

— E os pais como deverão se comportar diante do filho do coração?

— Qual o grau de responsabilidade diante do Criador?

— Esperarão do filho do coração algum gesto de reconhecimento?

— Esconderão do adotado a verdade?

Cremos que se faz necessária uma dedicação mais intensa por parte dos pais, na condição de educadores e evangelizadores desses Espíritos que lhes foram confiados por meio da adoção, a fim de diminuir os efeitos de eventual trauma que o adotado possa desencadear quando do conhecimento de sua situação.

O feto que se desenvolve no ventre da mãe faz com ela uma ligação psíquica; no caso da criança adotada, essa ligação não se fez com a mãe de coração, mas poderá ser perfeitamente

---

[86] XAVIER, Francisco Cândido. *Ação e reação*. Cap. 16, p. 271 e ss.
[87] Idem. *E a vida continua...* Cap. 26, p. 249 e ss.

substituída pela aceitação demonstrada em afeto, atenção, buscando compreender o drama íntimo daquele Espírito, pois traz no coração desequilíbrios de outros tempos ou arrependimento doloroso para a solução dos quais pede, ao reencarnar, a ajuda daqueles que o acolhe, não como filho do corpo, mas como filho do coração. O conhecimento e a vivência do Evangelho de Jesus, iluminado pela luz da Terceira Revelação, o fará compreender que não são os laços da consanguinidade os verdadeiros laços de família e sim os da simpatia e da comunhão de ideias.

É comum ter-se notícias de filhos consanguíneos usarem de ingratidão para com seus pais, isto porque já aprendemos que a família nem sempre é reencontro de Espíritos afins, mas o cadinho divino em que as almas são temperadas para alcançarem as virtudes do *homem de bem*, conforme se aprende em O *evangelho segundo o espiritismo*, cap. 17, it. 3. Mas sabemos também que a grande maioria dos filhos são companheiros, amigos e a sustentação dos pais. Da mesma forma acontece com os filhos do coração. São almas em busca de reajuste, de liquidação com a contabilidade divina. Buscam dádivas de amor, de carinho, de orientação espiritual e moral; desejam ser reeducados, para se libertarem dos vícios do passado. Atentemos para o que nos ensina o venerável Emmanuel:

> No devotamento dos pais, todos os filhos são joias de luz, entretanto, para que compreendas certos antagonismos que te afligem no lar, é preciso saibas que, entre os filhos companheiros, que te apoiam a alma, surgem os filhos credores, alcançando-te a vida, por instrutores de feição diferente.[88]

Algumas crianças sabem que estão sendo adotadas, pois na ocasião já têm maturidade para compreenderem o que se passa. Porém, quando são acolhidas ainda inocentes, em qual ocasião os pais deverão lhes revelar a verdade?

---

[88] XAVIER, Francisco Cândido. *Livro da esperança*. Cap. 38.

Esconder a verdade aos filhos do coração é um grande erro que alguns pais adotivos cometem. É necessário que, desde cedo, à medida que eles forem amadurecendo intelectualmente, percebendo as diferenças físicas entre os pais e os irmãos, quando houverem, revelar-lhes antes que saibam por outros a verdade sobre sua origem.

Às vezes, os pais escondem a verdade por amor, já que consideram os filhos adotivos como filhos consanguíneos; outros o fazem por medo de perder a afeição e o carinho deles. No entanto, quando os filhos adotivos crescem, aprendendo no lar valores morais elevados, sentem-se mais amados por perceberem que o são, não por terem nascido de seus pais, mas porque são frutos de afeição sincera e real, e passam a entender que são filhos queridos do coração. Encontramos na obra de André Luiz o esclarecimento de uma mãe do coração à sua filha adotiva: "[...] filhos adotivos, quando crescem ignorando a verdade, costumam trazer enormes complicações, principalmente quando ouvem esclarecimentos de outras pessoas [...]".[89]

Outra razão muito mais forte a considerar é a de o filho ou a filha do coração, que não sabendo a sua origem, quando é possível identificá-la, possa encontrar-se com uma irmã ou irmão e se enamorarem! O romance ditado pelo Espírito Antônio Carlos e psicografado pela médium Vera Lúcia Marinzeck de Carvalho, *Filho adotivo*, relata um desses casos. Muitas notícias desse jaez podem ser lidas na internet.

Recebendo em nossa jornada terrena a oportunidade de ter em nosso lar um filho adotivo – filho do coração – guardemos a certeza de que Jesus nos está confiando a responsabilidade sagrada de superar o próprio orgulho e vaidade, amando verdadeira e desinteressadamente a criatura de Deus que nos foi confiada para o trabalho de educação e amparo.

---

[89] XAVIER, Francisco Cândido/VIEIRA, Waldo. *Sexo e destino*. Pt. 1, cap. 7, p. 71.

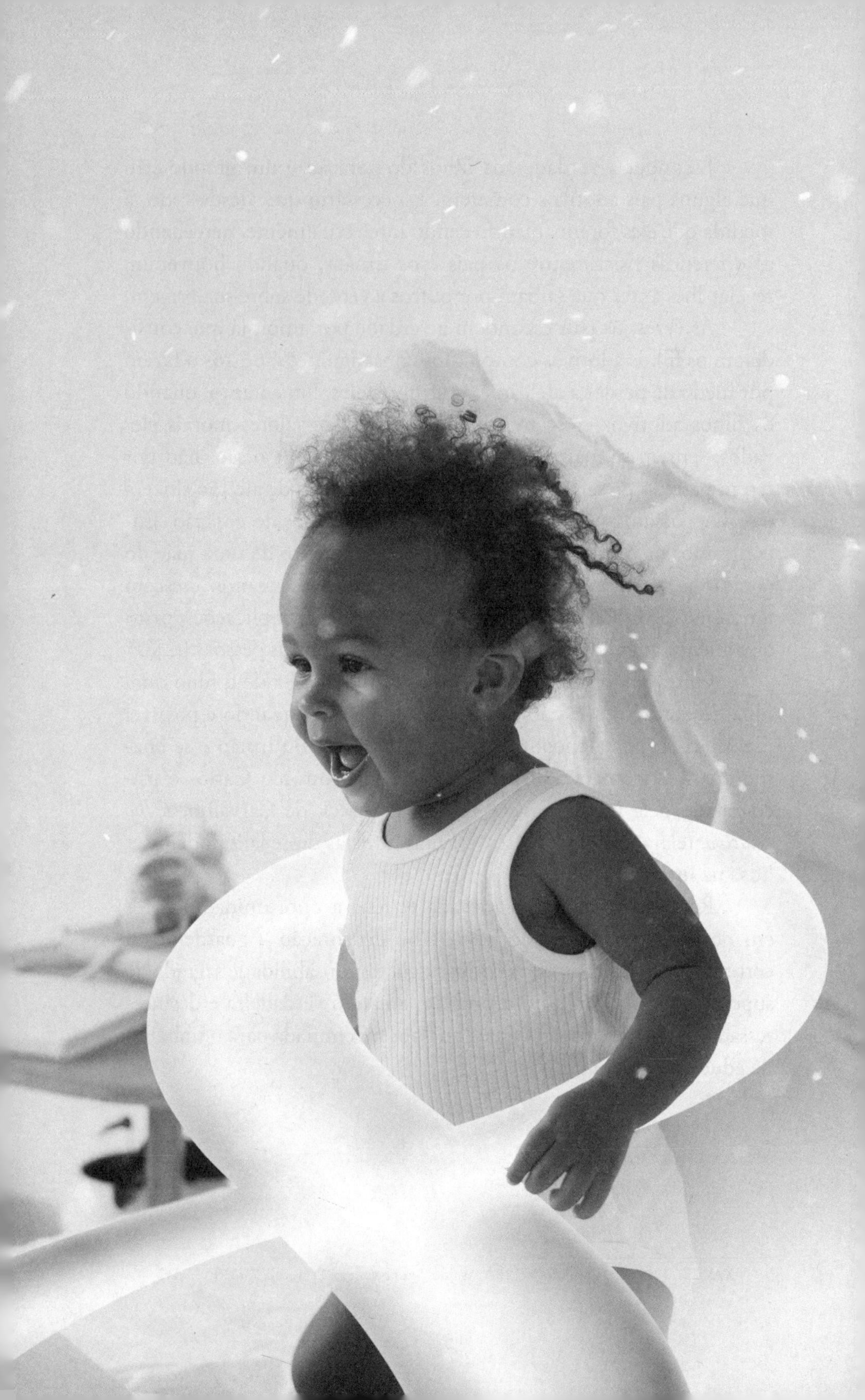

CAPÍTULO 17
PARA ONDE VÃO AS ALMAS DAS CRIANÇAS?

17.1 COMO ENTENDER A MORTE

O homem nunca quis morrer, por isso sempre acreditou na continuidade da vida além da morte do corpo físico. As pesquisas históricas revelam que, desde a Idade da Pedra, nossos ancestrais deixaram sinais de culto aos mortos, respeitando-os e acreditando na sua influência sobre os vivos.

O historiador Fustel de Coulanges concluiu, a partir das pesquisas realizadas sobre os antigos povos hindus, gregos e romanos, que para eles "[...] A morte foi o primeiro mistério; ela colocou o homem no caminho de outros mistérios. Elevou seu pensamento do visível para o invisível, do passageiro para o eterno, do humano para o divino".[90]

O Espiritismo ensina que: "A morte é apenas a destruição do envoltório material, que a alma abandona, como faz a borboleta com a crisálida, conservando, porém, seu corpo fluídico ou perispírito" (QE, cap. 2, it. 12). A filosofia espírita nos habituou a substituir o

---

[90] COULANGES, Fustel de. *A cidade antiga*. V. 1, p. 49.

termo morte, que dá a ideia de fim, por *desencarnação*, informando que o Espírito deixou a carne, o corpo denso, para passar a usar apenas o corpo espiritual (perispírito) e continuar vivo. Os antigos gregos e romanos, bem antes de surgirem os filósofos, já acreditavam nessa verdade. Entendiam a morte não como uma dissolução do ser, mas como simples mudança de vida. Alimentavam a crença de que a alma do morto fosse para uma região distante do plano invisível, que continuava junto dos homens, vivendo sobre a Terra. Neste particular, estavam coerentes com o que hoje nos ensinam os Espíritos Superiores, com relação aos Espíritos ainda presos aos prazeres e interesses materiais.

> [...] A morte não existe como a entendemos. O que se verifica, apenas, é uma transmutação de vida. Os teólogos suprimiram a chave simples das nossas crenças. Quando o corpo é reclamado pelo sepulcro, o Espírito volta à pátria de origem, e, como a Natureza não dá saltos, as almas que alimentam aspirações puramente terrestres continuam no ambiente do mundo, embora sem o revestimento do corpo carnal. Desde a mais remota antiguidade, os homens se comunicaram com os seus semelhantes desencarnados. [...][91]

17.2 MORTALIDADE INFANTIL

Logo, depois da morte física, o que de mais surpreendente vamos encontrar é a própria vida!

Devemos entender, portanto, a vida na matéria como um estágio necessário à nossa evolução; é no corpo físico que mais rapidamente conquistamos valores imperecíveis para nosso progresso espiritual, moral e intelectual. Mas, perguntará o leitor ou a leitora: — Se é para evoluir que renascemos, por que, então, a vida se interrompe na infância? O Codificador, assim como você, fez a mesma interrogação aos Espíritos,

---

[91] XAVIER, Francisco Cândido. *Renúncia*. Pt. 1, cap. 6, p. 226.

pois a mortalidade infantil à sua época alcançava índices assombrosos. Segundo nos informa Badinter,[92] na França, entre 1740 e 1789 — ano da eclosão da Revolução Francesa —, a taxa de mortalidade infantil alcançou o assombroso índice de 270 crianças por mil nascidas com vida. Acrescenta que no mesmo período, de mil crianças nascidas, apenas 720 alcançaram o primeiro ano; 574 passaram do quinto ano e apenas 522 celebraram os dez anos de existência! Para comparação, a taxa média de mortalidade infantil na França, em 1996, foi de cinco para cada mil bebês nascidos com vida. Surpreendido, evidentemente, com aquele fato estarrecedor, Allan Kardec perguntou: *"Por que a vida se interrompe com tanta frequência na infância?"* (LE, q. 199).[93]

Hoje, Kardec, com relação ao seu país, não faria, sem dúvida, esse questionamento, mas a resposta dos Espíritos mantém-se atualizada na sua essência, pois reflete a Lei Divina de Causa e Efeito, que rege nossas vidas e o programa reencarnatório de cada um de nós: "A duração da vida da criança pode representar, para o Espírito que nela está encarnado, o *complemento de uma existência interrompida* antes do término devido, e sua morte, quase sempre, *constitui provação ou expiação para os pais*". (Grifo nosso.)

A resposta dos Espíritos revelou as razões possíveis para a morte prematura. E, no que diz respeito aos motivos alegados, o Codificador teve oportunidade de comprová-los durante toda a sua vida, dedicada à compreensão da Lei de Causa e Efeito. Quanto ao *complemento de uma existência*, Kardec estudou o caso de um garoto de nome Marcel, de aproximadamente nove anos, internado em um hospital, conhecido como *O menino do número 4* (CI, pt. 2, cap. 8).

O menino do número 4 nascera deformado, intensamente contorcido, com os braços roçando-lhe o pescoço; magérrimo e com o corpo em chagas. Sofria penosamente, condoendo o coração do mais endurecido visitante. Suportava resignadamente as suas dores e demonstrava no trato com as pessoas elevado sentimento de bondade e

---

[92] BADINTER, Elisabeth. *Um amor conquistado*: O mito do amor materno. p. 138.
[93] Nota do autor: Segundo o IBGE, a taxa de mortalidade infantil, que é a razão entre número de óbitos de crianças até um ano e o número de nascidos vivos, foi de 13,8 mortes por mil nascidos vivos no Brasil em 2015, ou seja, a menor em 11 anos.

altruísmo. Desencarnado e evocado na *Sociedade Parisiense de Estudos Espíritas* pelo Mestre de Lyon, informou que seus sofrimentos não eram uma expiação direta, mas que sofreu por uma causa justa. Fora belo, rico e adulado. Tivera acólitos e cortesãos. Fora fútil e orgulhoso. Naqueles últimos anos de sofrimento na Terra — confessou: "E fui eu quem as solicitou, para *terminar a minha depuração*" (Grifo nosso).

Marcel não necessitava mais permanecer entre nós, pois conquistara a sua liberdade espiritual. O mesmo acontece com tantas outras crianças que se despedem dos pais em tenra idade. A dor da despedida — é assim que devemos entender a morte — é pungente, lancinante, mas os pais não devem aceitá-la como eterna. Pais, vendo seu filhinho no leito da morte, não perguntem ao Pai de todos nós *por quê*. Se Ele respondesse de imediato, sem dúvida aumentaria o seu sofrimento. Não rogue a Deus, em preces clamorosas, para que seu filhinho continue vivendo de qualquer forma. O momento é de pedir ao Senhor das Vidas que se faça sua vontade e não a nossa. Não foi assim que Jesus nos ensinou e exemplificou no instante da crucificação? Observe como se comportou Maria, ao ver seu filho crucificado sem culpa. É oportuno lembrar que cada um de nós tem um programa de vida que deve ser respeitado.

> Não reclames da Terra
> Os seres que partiram...
> Olha a planta que volta
> Na semente a morrer.
> Chora, de vez que o pranto
> Purifica a visão.
> No entanto, continua
> Agindo para o bem.
> Lágrima sem revolta
> É orvalho da esperança.
> A morte é a própria vida
> Numa nova edição.[94]

---

[94] XAVIER, Francisco Cândido. *Caravana do amor*. Cap. Ninguém morre.

Quanto à depuração de que falou Marcel – o menino do número 4 –, Denis ensina que

> A dor física também tem sua utilidade; desata quimicamente os laços que prendem o Espírito à carne; liberta-o dos fluidos grosseiros que o retêm nas regiões inferiores e que o envolvem, mesmo depois da morte. Essa ação explica, em certos casos, as curtas existências das crianças mortas com pouca idade. Essas almas puderam adquirir na Terra o saber e a virtude necessários para subirem mais alto; como um resto de materialidade impedisse ainda o seu voo, elas vieram terminar, pelo sofrimento, a sua completa depuração.[95]

Este ensinamento deve ajudar os pais, bem como avozinhas e tias, a minorar seus sofrimentos pelo retorno rápido do ente querido: alçou voo para libertar-se do jugo da matéria, transformou-se para melhor: a borboleta rompeu o casulo e buscou o espaço... Como é consoladora a Doutrina Espírita!

No entanto, a *causa mortis* de muitas crianças em tenra idade não é consequência exata do que fora programado para elas no Mundo Espiritual. Muitas mortes infantis fora do tempo programado podem ser creditadas às próprias mães! Convém lembrar o que nos assegurou a irmã Blandina:

> Em verdade, a maioria das mães é constituída por sublime falange de almas nas mais belas experiências de amor e sacrifício, carinho e renúncia, dispostas a sofrer e a morrer pelo bem-estar dos rebentos que a Providência Divina lhes confiou às mãos ternas e devotadas, contudo há mulheres cujo coração ainda se encontra em plena sombra. Mais fêmeas que mães, jazem obcecadas pela ideia do prazer e da posse, despreocupando-se dos filhinhos, lhes favorecem a morte. O

---

[95] DENIS, Léon. *Depois da morte*. Pt. 2, cap. 13, p. 141.

infanticídio inconsciente e indireto é largamente praticado no mundo.[96]

Quanto a essa verdade, a mídia de todo o mundo publica, vez ou outra, fatos estarrecedores de mães e pais que abandonam, vendem e violentam fisicamente seus filhos.

Após prestar mais esclarecimentos a André Luiz sobre a programação estruturada nos planos da verdadeira vida, prevendo os anos de existência na Terra e a dificuldade apresentada pela maioria dos candidatos à vida corporal, ela conclui:

> [...] Temos irmãs que por nutrirem pensamentos infelizes envenenam o leite materno, comprometendo a estabilidade orgânica dos recém-natos. Vemos casais que, através de rixas incessantes, projetam raios magnéticos de natureza mortal sobre os filhinhos tenros, arruinando-lhes a saúde, e encontramos mulheres invigilantes que confiam o lar a pessoas ainda animalizadas, que, à cata de satisfações doentias, não se envergonham de ministrar hipnóticos a entezinhos frágeis, que reclamam desvelado carinho... [...][97]

As declarações da abnegada Blandina parecem duras demais, porém o conceito de infanticídio materno em nosso mundo é comprovado por Badinter, estudiosa francesa que se deteve em pesquisas sobre a história da criança durante a Idade Média e a Idade Moderna, concluindo que o alto índice de mortalidade infantil se deveu exatamente ao desinteresse das mães pelos seus filhos. O primeiro e mais doloroso sinal de rejeição da mãe é percebido pelo filho quando da recusa em dar-lhe os seios para amamentá-lo. Pouquíssimas se davam à sublime prática da amamentação dos seus filhos, sendo o comum entregá-los às amas-de-leite, um hábito generalizado e até profissionalizado, e consagrado como necessário pelos pensadores da época, que afirmavam ser o ato de oferecer os seios túrgidos de leite

---

[96] XAVIER, Francisco Cândido. *Entre a Terra e o Céu.* Cap. 10, p. 68.
[97] Idem, ibidem. p. 69.

ao filho por demais lascivo, tanto para a lactante quanto para o lactente. Mais ainda: que amamentar roubava a beleza e o viço sexual da mulher. Elas, as mães, quando não se dedicavam ao trabalho com o marido por necessidades financeiras, entregavam-se aos prazeres mundanos, tendo raramente notícias de seus filhos, que minguavam pela falta de amor da mãe nos braços das amas-de-leite. Não oferecendo amor, carinho e segurança ao filho, estiolava-se ele como flor que não recebe água, não suportando a indiferença da mãe.

Sem dúvida, a irmã Blandina, ao falar do infanticídio inconsciente e indireto praticado pelas mães — e aqui acrescentemos a responsabilidade dos pais, pois eles assim queriam —, se fundamenta na História privativa da Humanidade, que muito pouco conhecemos, para analisar o caso daquela maneira.

Não podemos deixar de incluir na estatística de mortes prematuras a agressão do meio onde vive a criança. As misérias física e moral — esta muito mais prejudicial que aquela — são também fatores que favorecem a morte prematura. Amor, alimentação sadia, higiene, assistência médica e evangelização é tudo o que necessita a criança para permanecer mais tempo no corpo físico, aproveitando a oportunidade de que tanto precisa para sua evolução. De qualquer forma, sem a intenção de pregar a resignação passiva, vivemos num mundo de provas e expiações, em que a grande maioria dos Espíritos que aqui reencarnam ficam sujeitos aos infortúnios de um mundo carente de reforma moral. São as dores externas que promovem mais rapidamente a evolução, não sendo necessariamente expiatórias. É a *dor-evolução*. Em virtude disso, sujeitamo-nos às dificuldades próprias do meio, podendo ser aproveitadas como degraus da escada evolutiva, favorecendo-nos a ascensão espiritual, se não nos revoltarmos contra elas.

17.3 A CRIANÇA NO MUNDO ESPIRITUAL

Em que se transforma o Espírito de uma criança que morreu em tenra idade?
"Recomeça uma nova existência." (LE, q. 199-a.)

Ficam os pais muito interessados em saber para onde vão seus filhos, após se despedirem desta vida tão cedo. Atentemos para os comentários do professor Allan Kardec à sucinta resposta dos Espíritos:

> Se o homem só tivesse uma existência, e se após essa existência sua sorte futura ficasse decidida para sempre, qual seria o mérito de metade da espécie humana, que morre em tenra idade, para gozar, sem esforços, da felicidade eterna e com que direito se acharia isenta das condições, frequentemente tão duras, impostas a outra metade? Semelhante ordem de coisas não se harmonizaria com a Justiça de Deus. Com a reencarnação, a igualdade é para todos; o futuro pertence a todos sem exceção e sem favor para quem quer que seja, e os que chegarem por último só poderão queixar-se de si mesmos. O homem deve ter o mérito de seus atos, como tem deles a responsabilidade. (LE, q. 199-a.)

Infelizmente, a ideia imposta por crenças infundadas da existência do *inferno*, onde as almas que cometeram *pecados mortais* sofrerão *eternamente*, bem como o *purgatório*, onde elas padecerão, com a esperança de irem um dia para o *céu*, local onde estão os eleitos de Deus, ainda predomina no inconsciente coletivo da Humanidade. Considerando reais essas hipóteses, onde ficariam as almas das crianças que não praticaram o mal, mas também não tiveram oportunidade de fazer o bem? A Igreja admitiu a existência de um *limbo*, região onde não sofrem os que vão para lá, mas também não gozam das bem-aventuranças (!). Situação indefinida e contrária à lei do amor. Nenhum pai, por mais imperfeito que seja, criaria semelhantes locais para lá permanecerem seus filhos porque lhe desobedeceram. Por que Deus, na sua infinita bondade, não daria àquelas almas outras oportunidades de praticar o bem se assim desejarem, usando da Caridade da reencarnação e da bênção do esquecimento? Diante desse raciocínio, torna-se inadmissível a existência de locais determinados para as almas sofrerem após a desencarnação ou viver na contemplação. Qual a mãe que estando no *céu* não pediria ao

Criador para viver no *inferno* ou no *limbo*, ao saber que lá está um dos seus filhos amados? Essa mãe teria mais amor no coração do que o Nosso Pai? Impossível! Inaceitável!

A morte prematura é, também, uma prova dolorosa dirigida aos pais, que muito sofrem com a partida do filho em tenra idade. Mas nada se perde na realidade, pois a Justiça e a Misericórdia Divinas estão sempre presentes na dinâmica da vida. Nós é que demoramos a enxergá-las, obscurecidos que ficamos pelo nosso egoísmo e vaidade, que ainda nos alimentam e fazem parte do nosso Eu.

A morte de uma criança parece-nos algo violento, pois uma vida foi cerceada no seu *começo* – mas na verdade é um novo começo –, quando ela suscitava aos pais e demais familiares planos e sonhos para todos.

O Espírito André Luiz, ao lado do Instrutor Clarêncio, à noite, no Plano Espiritual, conduz uma caravana de mães que se libertaram do corpo físico durante o sono. Vão ansiosas visitar seus filhinhos que foram arrebatados temporariamente ao convívio com elas, no plano da vida material. A caravana chega ao Lar da Bênção, onde se dão os reencontros de mães e filhos desencarnados. Beijos, abraços e palavras carinhosas são trocados com muita alegria, substituindo a ansiedade e a saudade de antes, que se alojavam nos corações aflitos daqueles seres.[98]

É ainda André Luiz que nos revela outro reencontro na *Casa Transitória* das mães com seus filhos recém-desencarnados: "[...] duas enfermeiras, orientadoras de colônias espirituais para regeneração, trariam vinte crianças recém-libertas dos laços carnais, no sentido de se avistarem com as mães que viriam da Crosta, amparadas por amigos para reencontro confortador, em caráter temporário [...]".[99]

Resumimos algumas condições, entre muitas, em que ficará o Espírito de uma criança após a sua desencarnação:

1) Será acolhido em determinada colônia espiritual, segundo seu estágio evolutivo, por aqueles que o tutelaram na vida corpórea.

---

[98] XAVIER, Francisco Cândido. *Entre a Terra e o Céu*. Cap. 8.
[99] Idem. *Obreiros da vida eterna*. p. 139.

2) Permanecerá o tempo que for necessário desenvolvendo-se física e mentalmente, tal como aconteceria na Terra, passando da infância para a adolescência e, consequentemente, atingirá a maturidade.

3) Chegará ao Mundo Espiritual com seu *aspecto ainda infantil* e, dentro de algum tempo, de conformidade com a conscientização que venha a ter do seu novo estado, apressará seu desenvolvimento, adotando a aparência que desejar.

4) Sendo suficientemente evoluído, retoma a sua individualidade integral após a desencarnação, mas, para ser reconhecido pela sua mãezinha, quando aparece para ela em sonho, toma a forma com a qual desencarnou.

Muito teríamos que escrever, ainda, sobre a morte prematura na visão espírita, mas esperamos que as informações oferecidas ajudem a dar consolação a todos que devolveram seus filhos ainda pequeninos aos braços do Criador. Sabendo que eles têm um destino justo, sem a crença perturbadora de *inferno*, *purgatório* ou *limbo*, tampouco a de um *céu contemplativo*, ficamos todos consolados, tendo a certeza da proteção do Mestre Jesus, que nos disse: "Deixai as criancinhas virem a mim e não as impeçais, pois delas é o Reino de Deus" (*Lc.*, 18:17).[100]

---

[100] *Bíblia de Jerusalém*. 9. ed. Edições Paulinas.

PALAVRAS FINAIS

Prezado(a) leitor(a),

O jornalista, crítico social e filólogo norte-americano H. L. Mencken (1880-1956), escreveu que "O principal conhecimento que se adquire lendo livros é o de que poucos livros merecem ser lidos". Minha esperança é a de que este tenha merecido a sua atenção, valendo a pena nos acompanhar nas digressões a respeito dos temas ligados à primeira fase da vida de todos nós, sob a ótica espírita. Se você chegou até aqui, não se pode negar o seu interesse pela criança, fazendo jus ao meu agradecimento.

Sem dúvida, percebeu muitos hiatos, sentindo que mais poderia se escrever sobre tão vasto e importante assunto. Também tive esse sentimento e me contive para não abrir novos capítulos, o que tornaria a obra por demais volumosa, sem que, mesmo assim, alcançasse essa meta tão almejada: a de exaurir um determinado assunto.

Se você concorda comigo que a criança é um ser completo em si mesmo, que não é apenas o traje, as brincadeiras, a escola, a inocência, a pureza e a docilidade, que todos gostamos de manusear; se concorda que cada criança tem a sua história, a qual não se limita aos seus poucos dias de vida nesta existência, pois tem um passado que foi esquecido graças à Misericórdia do Criador; se admite que ela, qualquer que seja a criança, é um Espírito velho em nova experiência num corpo que limita as manifestações de suas tendências, tornado-se dócil para ser reeducada, valeu a pena ter escrito estas páginas.

Incomensurável é a nossa responsabilidade com a criança, pois ela é a esperança. Lembra-se d'*A lenda da criança*, oferecida na letra "b" de nossa Introdução? Relembramos: *"De um modo ou de outro, todos tereis, doravante, esse tesouro vivo, ao vosso lado, em qualquer parte da Terra, a fim de que possais aperfeiçoar o mundo e santificar o porvir!"*.

Você, que a vê e pode tocá-la, agora sabe que ela tem uma história que não se limita aos seus dias de vida entre nós e, quem sabe, dela você também participou. Mas, graças à amnésia temporária que lhe é imposta nesta reencarnação, num *faz-de-conta* que nada sabe, vai aprender a amá-la incondicionalmente, tendo a certeza que o futuro espiritual dos dois e do nosso mundo dependerá de como a concebe, educa e ama.

Se a criança que está à sua frente porta qualquer deficiência, necessitando de cuidados especiais, veja nela uma alma guerreira com a disposição de vencer a si mesma para se libertar da clausura da carne e caminhar em direção à luz do Alto. Não façamos juízo precipitado sobre as causas de suas limitações. Não sejamos maniqueístas, pois não temos, ainda, pleno entendimento sobre a razão do sofrimento que acomete todos os Espíritos. Nesse particular, lembremos sempre do cego de nascença, na piscina de Siloé, em Jerusalém, que foi curado por Jesus. Assim narra o evangelista:

> Ao passar, ele viu um homem cego de nascença. Seus discípulos lhe perguntaram:
> — "Rabi, quem pecou, ele ou seus pais, para que nascesse cego?". Jesus respondeu:
> — Nem ele nem seus pais pecaram, mas é para que nele sejam manifestadas as obras de Deus. (*Jo.*, 9:1ss, BJ.)

Nenhuma criança nasce por acaso, mesmo naquelas situações em que se evidenciam a violência ou a irresponsabilidade sexual ou, ainda, o não planejamento dos pais pela vinda do seu filho ao mundo. Em todas essas ocasiões, em que o Espírito se vincula à mulher pela gravidez, a Providência Divina está presente, ofertando oportunidade de crescimento espiritual para todos os que participam do milagre do renascimento.

Talvez você não precisasse ter lido este livro para entender quem é uma criança na visão espírita. Mas não deixe de ler e reler a criança que tem à sua frente, para cada vez mais aprender e se conscientizar que ela é um recado de Deus para você e para todos nós. Escreva alguns capítulos vivos sobre a criança, estudando e se interessando mais por ela, contribuindo, assim, para a regeneração do nosso planeta.

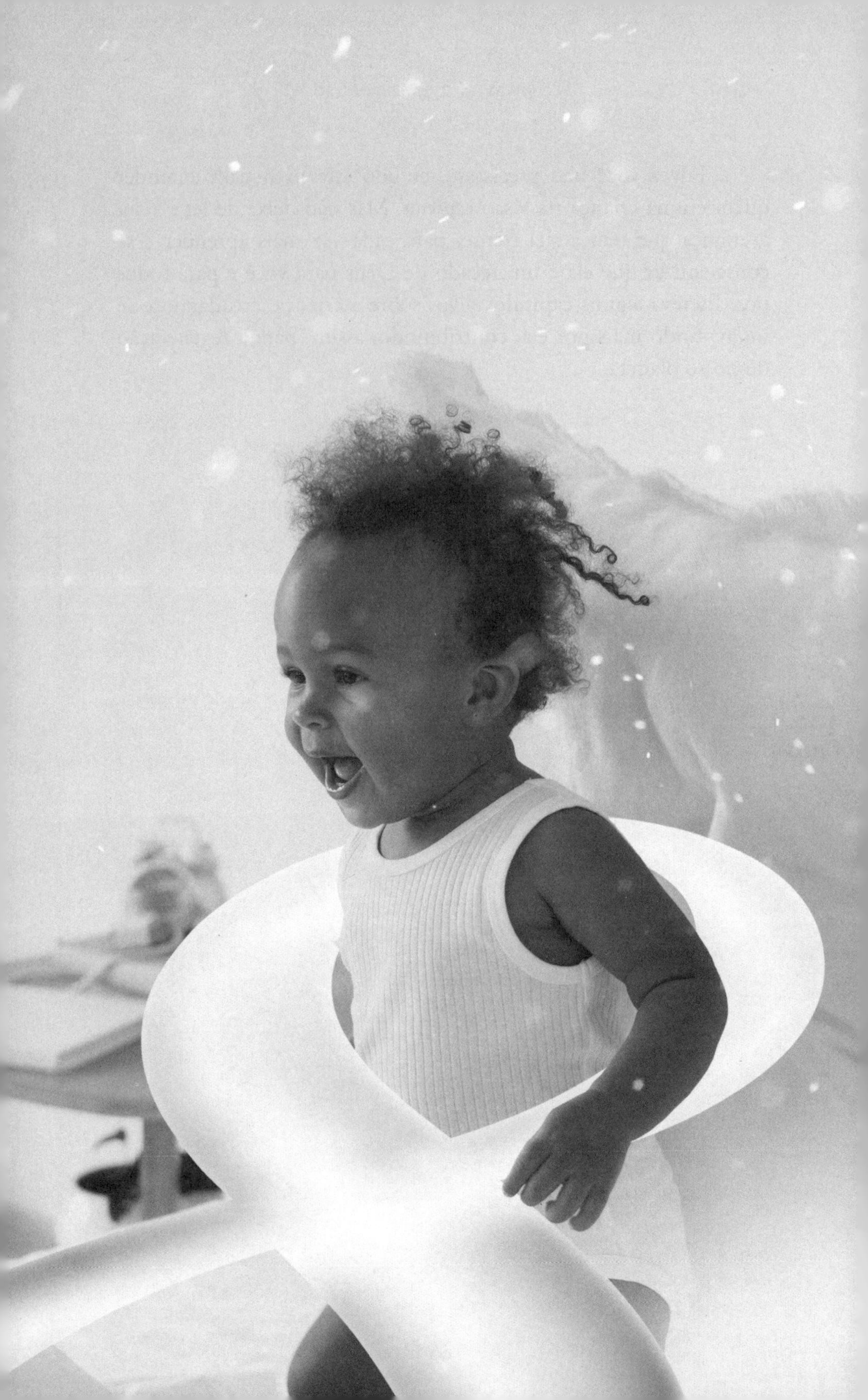

ADENDO

CRIANÇAS[101]

"Vede, não desprezeis alguns destes pequeninos…"
— Jesus. (*Mateus*, 18.10.)

Quando Jesus nos recomendou não desprezar os pequeninos, esperava de nós não somente medidas providenciais alusivas ao pão e à vestimenta.

Não basta alimentar minúsculas bocas famintas ou agasalhar corpinhos enregelados. É imprescindível o abrigo moral que assegure ao Espírito renascente o clima de trabalho necessário à sua sublimação.

Muitos pais garantem o conforto material dos filhinhos, mas lhes relegam a alma a lamentável abandono.

A vadiagem na rua fabrica delinquentes que acabam situados no cárcere ou no hospício, mas o relaxamento espiritual no reduto doméstico gera demônios sociais de perversidade e loucura que em muitas ocasiões, amparados pelo dinheiro ou pelos postos de evidência, atravessam largas faixas do século, espalhando miséria e sofrimento, sombra e ruína, com deplorável impunidade à frente da justiça terrestre.

Não desprezes, pois, a criança, entregando-a aos impulsos da natureza animalizada.

---

[101] XAVIER, Francisco Cândido. *Fonte viva*. Pelo Espírito Emmanuel. Cap. 157.

Recorda que todos nos achamos em processo de educação e reeducação, diante do Divino Mestre.

O prato de refeição é importante no desenvolvimento da criatura, todavia, não podemos esquecer "que nem só de pão vive o homem".

Lembremo-nos da nutrição espiritual das crianças, por meio de nossas atitudes e exemplos, avisos e correções, em tempo oportuno, de vez que desamparar moralmente a criança, nas tarefas de hoje, será condená-la ao menosprezo de si mesma, nos serviços de que se responsabilizará amanhã.

PERANTE A CRIANÇA[102]

Ver no coração infantil o esboço da geração próxima, procurando ampará-lo em todas as direções.

Orientação da infância, profilaxia do futuro.

Solidarizar-se com os movimentos que digam respeito à assistência à criança, melhorando métodos e ampliando tarefas.

Educar os pequeninos é sublimar a Humanidade.

Colaborar decididamente na recuperação das crianças desajustadas e enfermas, pugnando pela diminuição da mortalidade infantil.

Na meninice corpórea, o Espírito encontra ensejo de renovar as bases da própria vida.

Os pais espíritas podem e devem matricular os filhos nas escolas de moral espírita cristã, para que os companheiros recém-encarnados possam iniciar com segurança a nova experiência terrena.

Os pais respondem espiritualmente como cicerones dos que ressurgem no educandário da carne.

Distribuir incessantemente as obras infantis da literatura espírita, de autores encarnados e desencarnados, colaborando de modo efetivo na implantação essencial da Verdade Eterna.

---

[102] VIEIRA, Waldo. *Conduta espírita*. Pelo Espírito André Luiz. p. 80.

O livro edificante vacina a mente infantil contra o mal.

Observar quando se deve ou não conduzir as crianças a reuniões doutrinárias.

A ordem significa artigo de lei para toda idade.

Eximir-se de prometer às crianças que estudam quaisquer prêmios ou dádivas como recompensa ou (falso) estímulo pelo êxito que venham a atingir no aproveitamento escolar, para não viciar-lhes a mente.

A noção de responsabilidade nos deveres mínimos é o ponto de partida para o cumprimento das grandes obrigações.

Não permitir que as crianças participem de reuniões ou festas que lhes conspurquem os sentimentos, e, em nenhuma oportunidade, oferecer-lhe presentes suscetíveis de incentivar-lhes qualquer atitude agressiva ou belicosa, tanto em brinquedos quanto em publicações.

A criança sofre de maneira profunda a influência do meio.

Furtar-se de incrementar o desenvolvimento de faculdades mediúnicas em crianças, nem lhes permitir a presença em atividades de assistência a desencarnados, ainda mesmo quando elas apresentem perturbações de origem mediúnica, circunstância esta em que devem receber auxílio através da oração e do passe magnético.

Somente pouco a pouco o Espírito se vai inteirando das realidades da encarnação.

Em toda a divulgação, certame ou empreendimento doutrinário, não esquecer a posição singular da educação da infância na Seara do Espiritismo, criando seções e programas dedicados à criança em particular.

Sem boa semente, não há boa colheita.

"Deixai vir a mim os meninos, e não os impeçais, porque deles é o reino de Deus." — Jesus. (*Lucas*, 18:16.)

CRIANÇA E FUTURO[103]

A criança, hoje, — abençoado solo arroteado que aguarda a semente da fertilidade e da vida — necessariamente atendida pela caridade libertadora do Evangelho de Jesus, nas bases em que Allan Kardec o atualizou, é o celeiro fecundo, que se abarrota de esperanças para o futuro.

Criança que se evangeliza — adulto que se levanta no rumo da felicidade porvindoura.

Todo investimento de amor, no campo da educação espírita, tendo em vista a alma em trânsito pela infância corporal, é valiosa semeação de luz que se multiplicará em resultados de mil por um...

Ninguém pode empreender tarefas nobilitantes, tendo as vistas voltadas para a Era Melhor da Humanidade, sem um vigoroso empenho na educação espírita do pequenino da atualidade. Embora ele seja um Espírito em recomeço de tarefas, reeducando-se, não raro, sob os impositivos da dor em processo de carinhosa lapidação, é oportunidade ditosa, que surge como desafio para o momento e promessa de paz para o futuro. Isto porque sabemos que a infância é ensejo superior de aprendizagem e fixação, cabendo-nos o mister relevante de proteger, amparar e sobretudo de conduzir as gerações novas no rumo do Cristo.

Esse cometimento-desafio é-nos grave empresa, por estarmos conscientizados de que o corpo é concessão temporária e a jornada física um corredor por onde se transita, entrando-se pela porta do berço e saindo-se pela do túmulo, na direção da Vida Verdadeira.

A criança, à luz da psicologia atual, não é mais o "adulto em miniatura", nem a vida orgânica representa mais a realidade única, face às descobertas das modernas ciências da alma.

Ao Espiritismo, que antecipou as conquistas do conhecimento, graças à revelação dos Imortais, compete o superior ministério de preparar o futuro ditoso da Terra, evangelizando a infância e a juventude do presente.

---

[103] FRANCO, Divaldo Pereira. *Compromissos iluminativos*. p. 29.

Em tal esforço, apliquemos os contributos da mente e do sentimento, evocando o Senhor quando solicitou que deixassem ir a Ele as criancinhas, a fim de nelas plasmar, desde então, mais facilmente e com segurança, o "reino de Deus" que viera instaurar na Terra.

ANJO PROTETOR
(Autor desconhecido)

Uma criança, pronta para nascer, perguntou a Deus:
— Dizem-me que estarei sendo enviado à Terra amanhã... Como eu vou viver lá, sendo assim pequeno e indefeso?
Deus respondeu:
— Entre muitos anjos, eu escolhi um especial. Estará lhe esperando e tomará conta de você.
Criança:
— Mas diga-me: aqui no Céu eu não faço nada a não ser cantar e sorrir, o que é suficiente para que eu seja feliz. Serei feliz lá?
Deus:
— Seu anjo cantará e sorrirá para você e... a cada dia, a cada instante, você sentirá o amor do seu anjo e será feliz.
Criança:
— Como poderei entender quando falarem comigo se eu não conheço a língua que as pessoas falam?
Deus:
— Com muita paciência e carinho, seu anjo lhe ensinará a falar.
Criança:
— E o que farei quando eu quiser te falar?
Deus:
— Seu anjo juntará suas mãos e lhe ensinará a rezar.
Criança:
— Eu ouvi que na Terra há homens maus. Quem me protegerá?
Deus:
— Seu anjo o defenderá mesmo que signifique arriscar a própria vida.

Criança:

— Mas eu serei sempre triste porque eu não te verei mais.

Deus:

— Seu anjo sempre lhe falará sobre mim e lhe ensinará a maneira de vir a mim, e Eu estarei sempre dentro de você.

Nesse momento havia muita paz no Céu, mas as vozes da Terra já podiam ser ouvidas. A criança, apressada, pediu suavemente:

— Oh! Deus! se eu estiver a ponto de ir agora, diga-me por favor, o nome do meu anjo.

Deus:

— Você chamará seu anjo de MÃE!!!

OS FILHOS[104]

E uma mulher que carregava seu filho nos braços disse: "Fala-nos dos filhos".

E ele disse:

"Vossos filhos não são vossos filhos.

São os filhos e as filhas da saudade da Vida por si mesma.

Eles vêm através de vós, mas não de vós,

E embora vivam convosco, não vos pertencem.

Podeis outorgar-lhes vosso amor, mas não vossos pensamentos,

Porque eles têm seus próprios pensamentos.

Podereis abrigar seus corpos, mas não suas almas.

Pois suas almas moram na mansão do amanhã, que vós não podereis visitar nem mesmo em sonho.[105]

Podeis esforçar-vos por ser como eles, mas não procureis fazê-los como vós.

Porque a vida não anda para trás e não se demora com os dias passados.

Vós sois os arcos dos quais vossos filhos são arremessados como flechas vivas.

---

[104] GIBRAN, Khalil Gibran. *O profeta*. p. 15.
[105] Nota do autor: Como vimos antes, isso é possível, sim!

O Arqueiro mira o alvo na senda do infinito e vos estica com toda sua força para que suas flechas se projetem, rápidas e para longe.

Que vosso encurvamento na mão do Arqueiro seja vossa alegria.

Pois assim como Ele ama a flecha que voa, também ama o arco que permanece estável.

CREDORES NO LAR[106]

> "Honrai vosso pai e vossa mãe..." – JESUS. (*Mateus*, 19:19.)

> "Honrar a seu pai e a sua mãe não consiste apenas em respeitá-los – é também assisti-los na necessidade – é proporcionar-lhes repouso na velhice – é cercá-los de cuidados como eles fizeram conosco, na infância."
> (EE, cap. 14, it. 3.)

No devotamento dos pais, todos os filhos são joias de luz, entretanto, para que compreendas certos antagonismos que te afligem no lar, é preciso saibas que, entre os filhos companheiros, que te apoiam a alma, surgem os filhos credores, alcançando-te a vida, por instrutores de feição diferente.

Subtraindo-te aos choques de caráter negativo, no reencontro, preceitua a eterna bondade da Justiça Divina que a reencarnação funcione, reconduzindo-os à tua presença, através do berço. É por isso que, a princípio, não ombreiam contigo em casa, como de igual para igual, porquanto reaparecem humildes e pequeninos.

Chegam frágeis e emudecidos para que lhes ensines a palavra de apaziguamento e brandura.

Não te rogam a liquidação de débitos na intimidade do gabinete, e sim procuram-te o colo para nova fase de entendimento.

---

[106] XAVIER, Francisco Cândido. *Livro da esperança*. Pelo Espírito Emmanuel. Cap. 38.

Respiram-te o hálito e escoram-se em tuas mãos, instalando-se em teus passos para a transfiguração do próprio destino.

Embora desarmados, controlam-te os sentimentos.

Não obstante dependerem de ti, alteram-te as decisões com simples olhar.

De doces inspiradores do carinho, passam, com o tempo, à condição de examinadores constantes de tua estrada.

Governam-te impulsos, fiscalizam-te os gestos, observam-te as companhias e exigem-te as horas.

Aprendem novamente na escola do mundo com o teu amparo, todavia, à medida que se desenvolvem no conhecimento superior, transformam-se em inspetores intransigentes do teu grau de instrução.

Muitas vezes choras e sofres, tentando adivinhar-lhes os pensamentos para que te percebam os testemunhos de amor.

Calas os próprios sonhos para que os sonhos deles se realizem.

Apagas-te, pouco a pouco, para que fuljam em teu lugar.

Recebes todas as dores que te impõem à alma com sorrisos nos lábios, conquanto te amarfanhem o coração.

E nunca possuis o bastante para abrilhantar-lhes a existência, de vez que tudo lhes dás de ti mesmo, sem faturas de serviço e sem notas de pagamento.

Quando te vejas, diante de filhos crescidos lúcidos, erguidos à condição de dolorosos problemas do espírito, recorda que são eles credores do passado a te pedirem o resgate de velhas contas.

Busca auxiliá-los e sustentá-los com abnegação e ternura, ainda que isso te custe todos os sacrifícios, porque, no justo instante em que a consciência te afirme tudo haveres efetuado para enriquecê-los de educação e trabalho, dignidade e alegria, terás conquistado em silêncio, o luminoso certificado de tua própria libertação.

REFERÊNCIAS

AGOSTINHO, Santo. *Confissões*. Trad. Alex Marins. São Paulo [SP]: Martin Claret, (Série Ouro), 2002.

ANDRÉA, Jorge. *Forças sexuais da alma*. Rio de Janeiro [RJ]: Fon--Fon e Seleta, 1979.

ARIÈS, Philippe. *História social da criança e da família*. 2. ed. Trad. Dora Flaksman. Rio de Janeiro [RJ]: LTC, 1981.

BADINTER, Elisabeth. *Um amor conquistado*: o mito do amor materno. Trad. Waltensir Dutra. 5. ed. Rio de Janeiro [RJ]: Editora Nova Fronteira, 1985.

BRASILEIRO, Emídio Silva Falcão. *Sexo, problemas e soluções*. 3. ed. Goiânia [GO]: AB Editora, 1999.

COULANGES, Fustel de. *A cidade antiga*. Trad. Frederico Ozanam Pessoa de Barros. v. 1. São Paulo [SP]: Editora das Américas, 1961.

DENIS, Léon. *Depois da morte*. Trad. João Lourenço de Souza. 11. ed. Rio de Janeiro: FEB, 1978.

DENIS, Léon. *O problema do ser, do destino e da dor*. 11. ed. Rio de Janeiro: FEB, 1979.

EBY, Frederick. *História da educação moderna*. Rio de Janeiro [RJ]: Globo, 1962.

FABRIS, Rinaldo. *Jesus de Nazaré*: história e interpretação. Trad. Pe. Maurício Ruffier. São Paulo [SP]: Loyola, 1988.

FENICHEL, Otto. *Teoria psicanalítica das neuroses*. Trad. Samuel Penna Reis. São Paulo [SP]: Atheneu, 2000.

FRANCO, Divaldo Pereira. *Compromissos iluminativos*. Pelo Espírito Bezerra de Menezes. Salvador [BA]: Leal, 1991.

FRANCO, Divaldo Pereira. *Elucidações psicológicas à luz do espiritismo*. Pelo Espírito Joanna de Ângelis. Org. Geraldo Campetti Sobrinho e Paulo Ricardo A. Pedrosa. Salvador [BA]: Leal, 2002.

FRANCO, Divaldo Pereira. *Estudos espíritas*. Pelo Espírito Joanna de Ângelis. 5. ed. Rio de Janeiro: FEB, 1991.

FRANCO, Divaldo Pereira. *Grilhões partidos*. Pelo Espírito Manoel Philomeno de Miranda. 6. ed. Salvador-[BA]: Leal, 1989.

FRANCO, Divaldo Pereira. *Loucura e obsessão*. Pelo Espírito Manoel Philomeno de Miranda. 3. ed. Brasília [DF]: FEB, 1990.

FRANCO, Divaldo Pereira. *O despertar do Espírito*. Pelo Espírito Joanna de Ângelis. Salvador [BA]: Leal, 2000.

FRANCO, Divaldo Pereira. *S.O.S. família*. Pelo Espírito Joanna de Ângelis. Salvador [BA]: Leal, 1995.

FRANCO, Divaldo Pereira. *Sexo e obsessão*. Pelo Espírito Manoel Philomeno de Miranda. Salvador [BA]: Leal, 2002.

FRANCO, Divaldo Pereira. *O ser consciente*. Pelo Espírito Joanna de Ângelis. 3. ed. Salvador [BA]: Leal, 1993.

FRANCO, Divaldo Pereira. *Temas da vida e da morte*. Brasília [DF]: FEB, 1989.

FRANCO, Divaldo Pereira. *Trilhas da libertação*. Pelo Espírito Manoel Philomeno de Miranda. 6. ed. Salvador [BA]: Leal, 2005.

FRANCO, Divaldo Pereira. *Triunfo pessoal*. Pelo Espírito Joanna de Ângelis. Salvador [BA]: Leal, 2002.

FRANCO, Divaldo Pereira. *Vida*: desafios e soluções. Pelo Espírito Joanna de Ângelis. 5. ed. Salvador [BA]: Leal, 2000.

GIBRAN, Khalil Gibran. *O profeta*. Trad. Mansour Challita. 8. ed. ilustrada, Rio de Janeiro [RJ]: Civilização Brasileira, 1970.

HUBERMAN, Leo. *História da riqueza do homem*. Trad. Waltensir Dutra. 17. ed. Rio de Janeiro [RJ]: Zahar Editores. 1981.

JACINTHO, Roque. *Desenvolvimento mediúnico*. 12. ed. São Paulo [SP]: Luz no Lar, 1993.

JUNG, Carl Gustav. *O desenvolvimento da personalidade*. Trad. Frei Valdemar do Amaral. 2. ed. Petrópolis [RJ]: Vozes, 1986.

KARDEC, Allan. *A gênese*. Trad. Evandro Noleto Bezerra. 2. ed. Brasília [DF]: FEB, 2013.

KARDEC, Allan. *A prece*. Trad. Guillon Ribeiro. Rio de Janeiro: FEB, 2006.

KARDEC, Allan. *O céu e o inferno*. Trad. Evandro Noleto Bezerra. 2. ed. Brasília [DF]: FEB, 2013.

KARDEC, Allan. *O evangelho segundo o espiritismo*. Trad. Evandro Noleto Bezerra. 2. ed. Brasília [DF]: FEB, 2013.

KARDEC, Allan. *O livro dos espíritos*. Trad. Evandro Noleto Bezerra. 4. ed. Brasília [DF]: FEB, 2013.

KARDEC, Allan. *O livro dos médiuns*. Trad. Evandro Noleto Bezerra. 2. ed. Brasília [DF]: FEB, 2013.

KARDEC, Allan. *O que é o espiritismo*. Trad. Evandro Noleto Bezerra. 7. ed. Brasília [DF]: FEB, 2019.

KARDEC, Allan. *Obras póstumas*. Trad. Evandro Noleto Bezerra. Rio de Janeiro: FEB, 2009.

KARDEC, Allan. *Revista Espírita:* jornal de estudos psicológicos. Trad. Evandro Noleto Bezerra. Anos 1860, 1863 e 1866. São Paulo: FEB, 2019.

LOBO, Ney. *Filosofia espírita da educação.* v. 1. Rio de Janeiro: FEB, 1989.

MAIOR, Marcel Souto. *As vidas de Chico Xavier.* 2. ed. 17. reimp. Revista e ampliada. Editora Planeta.

MIRANDA, Hermínio C. *A memória e o tempo.* 3. ed. Niteroi [RJ]: Arte & Cultura, 1991.

PERALVA, Martins. *Mediunidade e evolução.* 5. ed. Rio de Janeiro: FEB, 1987.

PEREIRA, Yvonne do Amaral. *À luz do consolador.* Rio de Janeiro: FEB, 1997.

PEREIRA, Yvonne do Amaral.. *Devassando o invisível.* 3. ed. Rio de Janeiro: FEB, 2010.

PEREIRA, Yvonne do Amaral. *Dramas da obsessão.* Pelo Espírito Bezerra de Menezes. 6. ed. Rio de Janeiro: FEB, 1987.

PEREIRA, Yvonne do Amaral. *Recordações da mediunidade.* 5. ed. Rio de Janeiro: FEB, 1987.

PIRES, J. Herculano. *Parapsicologia hoje e amanhã.* 6. ed. São Paulo [SP]: Edicel, 1981.

ROUDINESCO, Elisabeth. *Dicionário de psicanálise.* Trad. Vera Ribeiro e Lucy Magalhães. Rio de Janeiro [RJ]: Jorge Zahar, 1998.

SAID, César Braga. *Raul Teixeira* – Um homem no mundo. Niterói [RJ]: Editora Frater, 2008.

SCHUBERT, Suely Caldas. *Obsessão/desobsessão.* 2. ed. Rio de Janeiro: FEB, 1981.

STRATTON, Peter/HAYES, Nicky. *Dicionário de psicologia*. Trad. Esméria Rovai. 1. ed. brasileira. São Paulo [SP]: Editora Pioneira, 1994.

TEIXEIRA, J. Raul. *Desafios da educação*. Pelo Espírito Camilo. Niterói [RJ]: Editora Fráter, 1995.

VEYNE, Paul (Org.). *História da vida privada 1 – Do Império Romano ao ano mil*. São Paulo [SP]: Editora Schwarcz Ltda., 2010.

VIEIRA, Waldo. *Conduta espírita*. Pelo Espírito André Luiz. 12. ed. Rio de Janeiro: FEB, 1986.

VOLTAIRE. *Dicionário filosófico*. Trad. Líbero Rangel de Tarso. 5. ed. São Paulo [SP]: Atena, 1959.

XAVIER, Francisco Cândido. *Ação e reação*. Pelo Espírito André Luiz. 25. ed. Rio de Janeiro: FEB, 2010.

XAVIER, Francisco Cândido. *Agenda cristã*. Pelo Espírito André Luiz. 18. ed. Rio de Janeiro: FEB, 1979.

XAVIER, Francisco Cândido. *Caravana do amor*. Pelo Espírito Emmanuel. São Paulo [SP]: IDE, s/d.

XAVIER, Francisco Cândido. *Entre a Terra e o Céu*. Pelo Espírito André Luiz. 1. ed. especial. Rio de Janeiro: FEB, 2003.

XAVIER, Francisco Cândido. *Estante da vida*. Pelo Espírito Irmão X. 4. ed. Brasília [Rio de Janeiro: 1983.

XAVIER, Francisco Cândido. *Fonte viva*. Pelo Espírito Emmanuel. 6. imp. Rio de Janeiro: FEB, 2013.

XAVIER, Francisco Cândido. *Instruções psicofônicas*. Por Espíritos diversos. Rio de Janeiro: FEB, 1974.

XAVIER, Francisco Cândido. *Livro da esperança*. Pelo Espírito Emmanuel. São Paulo [SP]: Comunhão Espírita Cristã, 1964.

XAVIER, Francisco Cândido/VIEIRA, Waldo. *Mecanismos da mediunidade*. Pelo Espírito André Luiz. 1. ed. especial. Rio de Janeiro: FEB, 2008.

XAVIER, Francisco Cândido. *Missionário da luz*. Pelo Espírito André Luiz. 42. ed. Rio de Janeiro: FEB, 2007.

XAVIER, Francisco Cândido. *No mundo maior*. Pelo Espírito André Luiz. 23. Brasília [DF]: FEB, 2003.

XAVIER, Francisco Cândido. *Nos domínios da mediunidade*. Pelo Espírito André Luiz. 1. ed. especial. Rio de Janeiro: FEB, 2003.

XAVIER, Francisco Cândido. *O consolador*. Pelo Espírito Emmanuel. Rio de Janeiro: FEB, 1988.

XAVIER, Francisco Cândido. *Obreiros da vida eterna*. Pelo Espírito André Luiz. 31. ed. Rio de Janeiro: FEB, 2006.

XAVIER, Francisco Cândido. *Pão nosso*. Pelo Espírito Emmanuel. 13. ed. Rio de Janeiro [RJ]: FEB, 1987.

XAVIER, Francisco Cândido. *Renúncia*. Pelo Espírito Emmanuel. 33. ed. Rio de Janeiro: FEB, 2005.

XAVIER, Francisco Cândido; VIEIRA, Waldo. *Sexo e destino*. Pelo Espírito André Luiz. 1. ed. especial. Rio de Janeiro: FEB, 2003.

XAVIER, Francisco Cândido. *Sinal verde*. Pelo Espírito André Luiz. Uberaba [MG]: CEC, s/d.

XAVIER, Francisco Cândido. *Vida e sexo*. 27. ed. Pelo Espírito Emmanuel. Rio de Janeiro: FEB, 2013.

XAVIER, Francisco Cândido. *Vinha de luz*. Pelo Espírito Emmanuel. 4. imp. Rio de Janeiro: FEB, 2013.

XAVIER, Francisco Cândido/VIEIRA, Waldo. *Evolução em dois mundos*. Pelo Espírito André Luiz. 23. ed. Rio de Janeiro: FEB, 2005.

ÍNDICE GERAL[1]

Adoção – 16
Alma da criança
Casa Transitória – 17
   conceito – 3
   criacionismo – 3
   destino – 17
Igreja Católica – 17
   inferno – 17
   limbo – 17
   materialismo – 3
Plano Espiritual – 17
   reencarnação – 3
Amor materno
   antiguidade romana – 10
Blandina (Espírito) – 10
   conquista de Espírito maduro – 10
   fragilidade – 10
Idade Média – 10
Idade Moderna – 10
O Livro dos Espíritos – 10
Anjo da guarda – 12
Causa mortis
   planejamento espiritual – 17
Complexo de Édipo
André Luiz (Espírito) – 10

Joanna de Ângelis (Espírito) – 10
Sigmund Freud – 10
Condição do reencarnante – 4
Conflito familiar – 10
Criação divina – 5
Criacionismo – 3
Criança
   alma – 3
   amiguinho imaginário – 73
   anjo da guarda – 12
   antes de dormir – 12
   atividade erotizante – 9
   desencarnação – 17
   destino justo – 17
   distonia sexual – 9
   espírito velho – 17
   evangelização – 9
   fase edipiana – 9
   homossexualidade – 9
Criança
incendiária – 6
individualidade – 17
influência do meio – 6
influência mental – 8
inocência – 2

---

[1] N.E.: Remete ao número do capítulo.

livre-arbítrio – 12
mediunidade – 8
monomania incendiária – 6
perversidade – 3
precocidade – 7
prodigalidade intelectual – 7
reeducação espiritual – 12
reeducação religiosa – 12
reencarnacionismo – 3
registro mental – 2
relacionamento com os pais – 12
semelhança genética – 4
semelhança moral – 4
sexo – 9
sexualidade – 9
sono – 12
superioridade moral – 7
Criança especial
   aprendizagem – 15
Carl Gustav Jung – 15
Joanna de Ângelis – 15
   necessidade – 15
Criança obsidiada
   caso – 12
   origem – 12
   psiquiatria –12
   razões – 12
   rebeldia – 12
   tratamento – 12
Criança precoce
   características – 7
Charles Richet – 7
   conceito – 1
desenvolvimento físico e mental – 12
   existências anteriores – 7

Gregory Robert Smith – 7
   influência do meio – 7
   lenda – 1
   pureza – 2
   superioridade moral – 7
Wolfang Amadeus Mozart – 7
Culto do evangelho no lar – 12
Desobsessão – 12
Dor
   física – 157
   evolução – 17
   lei de causa e efeito – 3
Ego
André Luiz (Espírito) – 5
   criança – 5
   função – 5
Id – 5
Joanna de Ângelis (Espírito) – 5
Encarnação – 15
Enfermidade – 3, 6, 14
Epilepsia
Bezerra de Menezes (espírito) – 13
   disfunção neurológica – 13
   evangelista Mateus – 12
   Hipócrates – 13
   histórico – 13
   mal sagrado – 13
   obsessão – 13
perturbação da inteligência – 13
Erotização
comportamento dos pais – 9
diversões – 9
vestimenta – 9
Espírito renascente
afecção orgânica – 6

Família
adoção – 16
finalidade – 10
lei da causa e efeito – 10
planejamento espiritual – 16
relações conflitantes – 10
Fecundação – 9
Filho adotivo
planejamento espiritual – 16
revelação – 16
Filho credor – 16
Hereditariedade – 13
Homossexualidade
   atividade erotizante – 9
ciência materialista – 9
ciência psicológica – 9
experiência reencarnatória – 9
procedimento paterno – 9
Sigmund Freud – 9
Humanidade
Idade Média
Impulso erótico – 9
Infância
   Bezerra de Menezes (Espírito) – 2
   conceito – 2
     idade limite – 1
     lar – 2
     reeducação espiritual – 13
     Infanticídio inconsciente – 10
Influencia
   amplitude – 11
   conceito – 11
   Dr. Barry (espírito) – 11
   espiritual – 6, 11
   mental – 8, 11

princípio – 11
Ingratidão dos filhos – 10
Inocência
   conceito – 2
   tarefa dos pais – 2
Instinto
   conceito – 5, 6
   Sigmund Freud – 5
Jovem
   desenvolvimento psicossocial – 10
Laço consanguíneo – 16
Lar – 7
Libido – 4
Mãe
   adotiva – 16
   amorosa – 10
   cruel – 16
   filho desencarnado – 17
   Gibran Khalil Gibran – 10
   infanticidio inconsciente – 17
   Joanna de Ângelis (Espírito) – 10
   maturidade espiritual – 10
   odienta – 10
Martinho Lutero – 1
Maternidade – 15
Médium
   Carmine Mirabelli – 8
   Francisco Cândido Xavier – 8
   Yvonne do Amaral Pereira – 8
Mediunidade
   caso especial – 8
   conceito – 8
eclosão – 8
Meio ambiente
   Espírito comprometido – 6

Mente
    teoria topográfica – 5
Mortalidade infantil
Espiritismo – 17
França – 17
Morte
    Fustel de Coulanges – 17
    gregos e romanos – 17
    prematura – 17
Mundo invisível
    atuação – 11
    O livro dos Espíritos – 11
    sintonia – 11
Namoro entre irmãos – 16
Obsessão
    amor exacerbado – 11
    conceito – 11
    consequências – 12
    criança recém-nascida – 11
    epilepsia – 13
    obsessor – 11
    oração – 11
    paralisia infantil – 14
    razão – 11
    tratamento – 12
    natureza – 11
    paixão – 11
Orfandade – 16
Pais
    autocrítica – 10
    infelizes – 6
Paralisia infantil – 14
prazer – 5
Programação de vida – 4
Prova dolorosa – 13

Pureza infantil
    alteração – 2
    conceito espírita – 2
    Jesus – 2
Rebeldia
    obsessão – 11, 12
Reencarnação
    alma – 15
    criança – 3
    mudança de sexo – 9
    quarta geração – 14
    reflexões – 12
    Segismundo – 12
Self
    manifestação – 5
Sexo
    exagero freudiano – 9
    força instintiva – 9
    ideologia – 9
    O livro dos Espíritos – 9
    sede real – 9
    sexualidade – 9
    Síndrome de Down – 15
Sofrimento – 12
Sonho – 5
Suicídio
    consequências – 14
    Lei da causa e efeito – 14
Superego – 5
Tendência
    análise – 12
    definição – 6
    inferior – 6
    instinto – 6
    Joanna de Ângelis (Espírito) – 6

Trabalho infantil
Traducionismo
criacionismo – 4
Santo Agostinho – 4
Transtorno Obsessivo-Compulsivo – 6

O LIVRO ESPÍRITA

Cada livro edificante é porta libertadora.

O livro espírita, entretanto, emancipa a alma nos fundamentos da vida.

O livro científico livra da incultura; o livro espírita livra da crueldade, para que os louros intelectuais não se desregrem na delinquência.

O livro filosófico livra do preconceito; o livro espírita livra da divagação delirante, a fim de que a elucidação não se converta em palavras inúteis.

O livro piedoso livra do desespero; o livro espírita livra da superstição, para que a fé não se abastarde em fanatismo.

O livro jurídico livra da injustiça; o livro espírita livra da parcialidade, a fim de que o direito não se faça instrumento da opressão.

O livro técnico livra da insipiência; o livro espírita livra da vaidade, para que a especialização não seja manejada em prejuízo dos outros.

O livro de agricultura livra do primitivismo; o livro espírita livra da ambição desvairada, a fim de que o trabalho da gleba não se envileça.

O livro de regras sociais livra da rudeza de trato; o livro espírita livra da irresponsabilidade que, muitas vezes, transfigura o lar em atormentado reduto de sofrimento.

O livro de consolo livra da aflição; o livro espírita livra do êxtase inerte, para que o reconforto não se acomode em preguiça.

O livro de informações livra do atraso; o livro espírita livra do tempo perdido, a fim de que a hora vazia não nos arraste à queda em dívidas escabrosas.

Amparemos o livro respeitável, que é luz de hoje; no entanto, auxiliemos e divulguemos, quanto nos seja possível, o livro espírita, que é luz de hoje, amanhã e sempre.

O livro nobre livra da ignorância, mas o livro espírita livra da ignorância e livra do mal.

Emmanuel[1]

---

1 Página recebida pelo médium Francisco Cândido Xavier, em reunião pública da Comunhão Espírita Cristã, na noite de 25 de fevereiro de 1963, em Uberaba (MG), e transcrita em *Reformador*, abr. 1963, p. 9.

CARIDADE: AMOR EM AÇÃO

Sede bons e caridosos: essa a chave que tendes em vossas mãos. Toda a eterna felicidade se contém nesse preceito: "Amai-vos uns aos outros". KARDEC, Allan. *O evangelho segundo o espiritismo,* cap. 13, it. 12.

A Federação Espírita Brasileira (FEB), em 20 de abril de 1890, iniciou sua *Assistência aos Necessitados* após sugestão de Polidoro Olavo de S. Thiago ao então presidente Francisco Dias da Cruz. Durante 87 anos, esse atendimento representava o trabalho de auxílio espiritual e material às pessoas que o buscavam na instituição. Em 1977, esse serviço passou a chamar-se Departamento de Assistência Social (DAS), cujas atividades assistenciais nunca se interromperam.

Desde então, a FEB, por seu DAS, desenvolve ações socioassistenciais de proteção básica às famílias em situação de vulnerabilidade e risco socioeconômico. Fortalece os vínculos familiares por meio de auxílio material e orientação moral-doutrinária com vistas à promoção social e crescimento espiritual de crianças, jovens, adultos e idosos.

Seu trabalho alcança centenas de famílias. Doa enxovais para recém-nascidos, oferece refeições, cestas de alimentos, cursos para jovens, serviços de convivência e fortalecimento de vínculos para idosos e organiza doações de itens que são recebidos na instituição e repassados a quem necessitar.

Essas atividades são organizadas pelas equipes do DAS e apoiadas com recursos financeiros da instituição, dos frequentadores da casa e por meio de doações recebidas, num grande exemplo de união e solidariedade.

Seja sócio contribuinte da FEB, adquira suas obras e estará colaborando com o seu Departamento de Assistência Social.

O EVANGELHO NO LAR

Quando o ensinamento do Mestre vibra entre quatro paredes de um templo doméstico, os pequeninos sacrifícios tecem a felicidade comum.[1]

Quando entendemos a importância do estudo do Evangelho de Jesus, como diretriz ao aprimoramento moral, compreendemos que o primeiro local para esse estudo e vivência de seus ensinos é o próprio lar.

É no reduto doméstico, assim como fazia Jesus, no lar que o acolhia, a casa de Pedro, que as primeiras lições do Evangelho devem ser lidas, sentidas e vivenciadas.

O espírita compreende que sua missão no mundo principia no reduto doméstico, em sua casa, por meio do estudo do Evangelho de Jesus no Lar.

Então, como fazer?

Converse com todos que residem com você sobre a importância desse estudo, para que, em família, possam compreender melhor os ensinamentos cristãos, a partir de um momento de união fraterna, que se desenvolverá de maneira harmônica e respeitosa. Explique que as reflexões conjuntas acerca do Evangelho permitirão manter o ambiente da casa espiritualmente saneado, por meio de sentimentos e pensamentos elevados, favorecendo a presença e a influência de Mensageiros do Bem; explique, também, que esse momento facilitará, em sua residência, a recepção do amparo espiritual, já que auxilia na manutenção de elevado padrão vibratório no ambiente e em cada um que ali vive.

Convide sua família, quem mora com você, para participar. Se mora sozinho, defina para você esse momento precioso de estudo e reflexões. Lembre-se de que, espiritualmente, sempre estamos acompanhados.

Escolha, na semana, um dia e horário em que todos possam estar presentes.

O tempo médio para a realização do Evangelho no Lar costuma ser de trinta minutos.

---

[1] XAVIER, Francisco Cândido. *Luz no lar*. Por Espíritos diversos. 12. ed. 7. imp. Brasília: FEB, 2018. Cap. 1.

As crianças são bem-vindas e, se houver visitantes em casa, eles também podem ser convidados a participar. Se não forem espíritas, apenas explique a eles a finalidade e importância daquele momento.

O seguinte roteiro pode ser utilizado como sugestão:

1. Preparação: leitura de mensagem breve, sem comentários;
2. Início: prece simples e espontânea;
3. Leitura: *O evangelho segundo o espiritismo* (um ou dois itens, por estudo, desde o prefácio);
4. Comentários: breves, com a participação dos presentes, evidenciando o ensino moral aplicado às situações do dia a dia;
5. Vibrações: pela fraternidade, paz e pelo equilíbrio entre os povos; pelos governantes; pela vivência do Evangelho de Jesus em todos os lares; pelo próprio lar...
6. Pedidos: por amigos, parentes, pessoas que estão necessitando de ajuda...
7. Encerramento: prece simples, sincera, agradecendo a Deus, a Jesus, aos amigos espirituais.

As seguintes obras podem ser utilizadas nesse momento tão especial:

- *O evangelho segundo o espiritismo*, como obra básica;
- *Caminho, verdade e vida*; *Pão nosso*; *Vinha de luz*; *Fonte viva*; *Agenda cristã*.

Esse momento no lar não se trata de reunião mediúnica e, portanto, qualquer ideia advinda pela via da intuição deve permanecer como comentário geral, a ser dito de maneira simples, no momento oportuno.

No estudo do Evangelho de Jesus no Lar, a fé e a perseverança são diretrizes ao aprimoramento moral de todos os envolvidos.

O QUE É ESPIRITISMO?

O Espiritismo é um conjunto de princípios e leis revelados por Espíritos Superiores ao educador francês Allan Kardec, que compilou o material em cinco obras que ficariam conhecidas posteriormente como a Codificação: *O livro dos espíritos, O livro dos médiuns, O evangelho segundo o espiritismo, O céu e o inferno* e *A gênese*.

Como uma nova ciência, o Espiritismo veio apresentar à Humanidade, com provas indiscutíveis, a existência e a natureza do Mundo Espiritual, além de suas relações com o mundo físico. A partir dessas evidências, o Mundo Espiritual deixa de ser algo sobrenatural e passa a ser considerado como inesgotável força da Natureza, fonte viva de inúmeros fenômenos até hoje incompreendidos e, por esse motivo, são tidos como fantasiosos e extraordinários.

Jesus Cristo ressaltou a relação entre homem e Espírito por várias vezes durante sua jornada na Terra, e talvez alguns de seus ensinamentos pareçam incompreensíveis ou sejam erroneamente interpretados por não se perceber essa associação. O Espiritismo surge então como uma chave, que esclarece e explica as palavras do Mestre.

A Doutrina Espírita revela novos e profundos conceitos sobre Deus, o Universo, a Humanidade, os Espíritos e as leis que regem a vida. Ela merece ser estudada, analisada e praticada todos os dias de nossa existência, pois o seu valioso conteúdo servirá de grande impulso à nossa evolução.

O LIVRO ESPÍRITA

Cada livro edificante é porta libertadora.

O livro espírita, entretanto, emancipa a alma nos fundamentos da vida.

O livro científico livra da incultura; o livro espírita livra da crueldade, para que os louros intelectuais não se desregrem na delinquência.

O livro filosófico livra do preconceito; o livro espírita livra da divagação delirante, a fim de que a elucidação não se converta em palavras inúteis.

O livro piedoso livra do desespero; o livro espírita livra da superstição, para que a fé não se abastarde em fanatismo.

O livro jurídico livra da injustiça; o livro espírita livra da parcialidade, a fim de que o direito não se faça instrumento da opressão.

O livro técnico livra da insipiência; o livro espírita livra da vaidade, para que a especialização não seja manejada em prejuízo dos outros.

O livro de agricultura livra do primitivismo; o livro espírita livra da ambição desvairada, a fim de que o trabalho da gleba não se envileça.

O livro de regras sociais livra da rudeza de trato; o livro espírita livra da irresponsabilidade que, muitas vezes, transfigura o lar em atormentado reduto de sofrimento.

O livro de consolo livra da aflição; o livro espírita livra do êxtase inerte, para que o reconforto não se acomode em preguiça.

O livro de informações livra do atraso; o livro espírita livra do tempo perdido, a fim de que a hora vazia não nos arraste à queda em dívidas escabrosas.

Amparemos o livro respeitável, que é luz de hoje; no entanto, auxiliemos e divulguemos, quanto nos seja possível, o livro espírita, que é luz de hoje, amanhã e sempre.

O livro nobre livra da ignorância, mas o livro espírita livra da ignorância e livra do mal.

Emmanuel[1]

---

[1] Página recebida pelo médium Francisco Cândido Xavier, em reunião pública da Comunhão Espírita Cristã, na noite de 25 de fevereiro de 1963, em Uberaba (MG), e transcrita em *Reformador*, abr. 1963, p. 9.

www.febeditora.com.br

/febeditora /febeditoraoficial /febeditora

Conselho Editorial:
Jorge Godinho Barreto Nery – Presidente
Geraldo Campetti Sobrinho – Coord. Editorial
Cirne Ferreira de Araújo
Evandro Noleto Bezerra
Maria de Lourdes Pereira de Oliveira
Marta Antunes de Oliveira de Moura
Miriam Lúcia Herrera Masotti Dusi

Produção Editorial:
Elizabete de Jesus Moreira

Revisão:
Wagna da Silva Carvalho

Capa:
César Oliveira

Projeto Gráfico:
Rones José Silvano de Lima – instagram.com/bookebooks_designer

Diagramação:
Eward Siqueira Bonasser Júnior

Foto de Capa:
Freepik.com

Normalização Técnica:
Biblioteca de Obras Raras e Documentos Patrimoniais do Livro

Esta edição foi impressa pela Viena Gráfica e Editora Ltda., Santa Cruz do Rio Pardo, SP, com tiragem de 1 mil exemplares, em formato fechado de 155x230 mm e com mancha de 110x185 mm. Os papéis utilizados foram o Off White Bulk 58g/m² para o miolo e o Cartão 250 g/m² para a capa. O texto principal foi composto em fonte Adobe Garamond 12/15 e os títulos em Futura Lt BT 12/14,4. Impresso no Brasil. *Presita en Brazilo.*